文旅

融合发展与创新探析

庞华 ◎ 著

中国出版集团

中译出版社

图书在版编目(CIP)数据

文旅融合发展与创新探析／庞华著. -- 北京：中
译出版社，2024. 5
ISBN 978-7-5001-7933-7

Ⅰ.①文… Ⅱ.①庞… Ⅲ.①地方文化-旅游业发展
-研究-中国 Ⅳ.①F592. 7

中国国家版本馆 CIP 数据核字（2024）第 103357 号

文旅融合发展与创新探析

WENLÜ RONGHE FAZHAN YU CHUANGXIN TANXI

著　　者：庞　华
策划编辑：于　宇
责任编辑：于　宇
文字编辑：田玉肖
营销编辑：马　萱　钟筏童
出版发行：中译出版社
地　　址：北京市西城区新街口外大街 28 号 102 号楼 4 层
电　　话：（010）68002494（编辑部）
邮　　编：100088
电子邮箱：book@ctph.com.cn
网　　址：http://www.ctph.com.cn

印　　刷：北京四海锦诚印刷技术有限公司
经　　销：新华书店
规　　格：710 mm×1000 mm　1/16
印　　张：12. 75
字　　数：207 千字
版　　次：2025 年 3 月第 1 版
印　　次：2025 年 3 月第 1 次印刷

ISBN 978-7-5001-7933-7　　定价：68.00 元

前　言

旅游是一种文化现象，而文化即为旅游的灵魂。体验异域文化可以丰富人的阅历，满足精神上的享受，这也是旅游产业研究的主要目的。不论是旅游主体的需要还是文化内涵的要求，都是经营者需要考虑的问题。只有让文化旅游资源对旅游者产生强烈的吸引力，才能满足他们最大限度的精神需求。所以把握好文化，已是旅游产业发展的关键，也是旅游界经典的议题。

旅游与文化之间的联系具有天然性，促进旅游产业和文化产业相互融合，必然会充分发挥两者的优势，相得益彰，共同走向繁荣。伴随着经济社会的发展与人民生活水平的提高，越来越多的人开始追求一种以文化享受为主要内容的旅游活动，旅游产业与文化产业融合具有极大的发展潜力。

现如今，文化产业与旅游产业的全面融合已经成为这两个产业转型升级的重要途径。进行产业融合，不仅有助于充分发挥文化对旅游业发展的引领作用，形成绿色发展方式，还能充分发挥旅游对文化的传播作用，有利于促进社会主义文化的繁荣兴盛。本书是文旅融合发展与创新探析的书籍，主要从文旅融合的基本概念、文化旅游的开发及其规划、文旅产业融合发展的条件和路径、旅游产业与文化产业融合发展的手段和模式、体育文化与旅游产业的融合、乡村视角下的文化产业与旅游产业的融合发展等诸多方面进行阐述。本书力求论述严谨，结构合理，条理清晰，内容丰富新颖，具有前瞻性，希望能为文化和旅游的融合发展提供一些参考。

本书在写作的过程中参考了大量的文献资料，不能一一列出，著者在此向参考文献的作者表示崇高的敬意。由于水平有限，书中难免存在很多不足之处，恳请各位专家和读者提出宝贵意见，以便进一步改正，使之更加完善。

著者

2024 年 3 月

目　录

第一章 文旅融合的基本概念

第一节 旅游和文化概述

一、旅游与旅游产业

(一) 旅游的功能

旅游是个体为获取身心愉悦以及满足审美需求所采取的一种行为方式，其本质特性是暂时性和异地性，它们影响着旅游的功能内容。具体地说，旅游业的发展给社会层面、文化领域及经济领域带来的影响称为旅游功能，其中包括文化交流功能、经济功能、情感与教育功能。

1. 文化交流功能

游客来到陌生环境，受到影响后必然会感受新的文化融合过程。大家借旅游与当地居民进行交流，从而增进彼此间的感情。

人们往往通过旅游促进各国间的文化交流。我们可以从众多历史文献记载中看到旅游对于人类文明发展与进步起到的推动作用，比如鉴真东渡。随着旅游活动的产生与发展，游客与旅游目的地之间的文化差异在不知不觉中互相作用与影响，而游客对当地文化与生活方式产生的巨大影响。

旅游在国际关系和寻求和平方面，在促进各国人民之间的相互认识与了解中，是一个积极的现实的因素。旅游是一种可以促成人与人之间社会交往的活动，在这个过程中，不仅可以促进国与国之间的文化交流，还有利于彼此间关系的融洽。

2. 经济功能

旅游是一种涉及面较广、规模较大的社会活动，其中包括众多的行业与部门。如果离开这些行业以及部门的支撑，旅游相关活动将无法开展。这些部门的参与必然会促成经济活动的产生，从而使旅游业具备一定的经济功能，这主要体现在拉动当地居民收入和促进企业发展等方面。

具有经济功能的旅游企业包括旅游商店、旅游景点、住宿接待、旅行社、旅游车船公司。以上这些旅游企业在配合旅游行业发展、为其提供相关硬件和软件支持的同时，也会从中完成企业自身的发展。

3. 教育与情感功能

旅游作为一种特殊的行为方式，既能开阔游客的视野，又能丰富其在艺术、历史、文学等领域的知识含量。"读万卷书，行万里路"这句话充分说明，旅游能够促使人们才情与学识的增长。

旅游可以满足人们"求异、求知、求乐、求新、求奇"等心理层面的需求。游客需明确旅游目的地及在旅行出发前要进行一系列的准备工作，包括衣食住行的方方面面，可以说这也是一个自主学习的过程。当游客来到旅游景点感叹祖国大好河山时，也能从中感受到深厚的文化内涵，以及历史古迹与传统艺术带给他们的震撼感受。

旅游过程中还可以对游客进行道德教育。旅游活动是一种公共行为，乘坐车船有利于促进人们遵守社会公德、遵守人际交往准则。比如，在景区乘坐缆车时需要排队买票并逐一进入候车室，这个过程不可插队或者互相推搡。旅游能让人们在欣赏优美风光、感受大自然的同时，体会我国悠久的历史文化与现代化建设的新成就，进而激发游客对祖国的热爱之情。

（二）旅游产业的特征

1. 旅游产业的综合性

旅游产业衍生出的服务和商品是社会各行业部门间相互作用的产物，它集合了众多内容。可以说，旅游产业既涵盖了诸如卫生、邮电、园林、教育、文化、金融、海关等非物质生产部门，也涵盖了与国民经济发展相关的行业，诸如建筑业、轻工业等方面的物质生产部门。与此同时，还涵盖了一些旅游行业的从业机构，如旅游交通业、旅游餐饮业、旅行社。不同部门在不同领域为旅游业提供相应的服务。不同部门与行业之间相互依存，互为补充，共同满足游客的多样化需求，确保旅游行业的顺利发展。因此，旅游产业是一个需要多环节配合的行业，其综合性较强，具有多方位、多层次、复杂性、网络状的特性。

2. 旅游产业的关联性

旅游产业将社会众多行业与部门联结在一起，带动并依托相关产业。可以说，旅游产业对其他产业的依附属性较强。旅游产业的发展必须依托相关产业，也就是一定的旅游资源，只有这样才能吸引大量游客前来旅游消费。因此，旅游目的地的国民经济发展水平直接影响旅游接待地的服务水平。旅游产业的依附属性决定了它的发展必须与有关部门、企业、行业进行统筹规划、协调发展，否则当地旅游产业的发展无法在经济效益和社会效益方面取得好的成效。与此同时，旅游产业还具有一定的带动性。它的发展能够促进旅游目的地的建筑、文娱、园林、公路、航空、水路等领域不同程度的发展，还会带动当地生活与生产综合环境的改变。总而言之，旅游产业在优化投资环境、促进地区经济发展等方面具有不可替代的推动作用，这也是经过实践检验后得出的结论。

3. 旅游产业的季节性

旅游产业具有一定的季节性特点，气候变化会对当地自然资源产生一定的影响，从而导致客流量出现不稳定现象，由此产生了淡季与旺季之分。

当旅游景区处在淡季时，景区的设施就会被闲置，这就涉及大量的维护问题。但是当旅游景区处于旺季时，又会出现设施设备无法满足旅游需求的现象。总之，景区的淡旺季一直是困扰旅游产业的一大难题。

（三）产业结构与旅游产业结构

1. 产业结构

20 世纪 40 年代产业结构概念出现，主要可以从两个角度对其进行理解：其一，将产业结构理解为不同产业在一般经济活动中逐步形成的某种与经济相关的联系，以及由此呈现出的比例关系。它通常表现为产业与产业之间、产业内相关行业彼此在经济活动中形成的一种复杂且广泛的密切关系。可以说，任何一个产业或者是行业的发展，都与其他行业或者产业息息相关。它们作为社会发展的因素之一，无法脱离群体而独立存在，彼此为对方提供经济支持和技术支持，从而生产出新的产品，这种新产品再用来服务其他行业与产业的发展，这也是社会发展规律的体现。其二，产业结构主要表现为部门内部各生产要素之间的比例关系或分配与构成方式。一般而言，中间要素投入结构、产业固定资产结构以及产业技术结构是其三种主要的构成方式。

在产业经济发展中，大多数人认为产业间的联系方式与技术经济联系形成产业结构，并且将这种联系从两个视角进行分析：一个是"量"，另一个是"质"。首先从"量"的角度分析，它是通过数据向人们展示某一特定时段内各产业之间的联系及联系方式在经济活动中占的比重，即产业之间"产出"与"投入"的比例关系，进而演变为关联理论；其次从"质"的角度进行分析，它是动态反映经济活动中产业间各要素联系方式的发展趋势，进而阐明社会经济活动中各产业占据的地位及其发展规律和相应的"结构"效益，进而演变为一种非广义的产业结构理论。关于"量"可以从三个角度进行考察：其一是三次产业的内部构成；其二是国民经济中三次产业的构成；其三是三次产业内部的行业构成。关于"质"的关系能从两个角度进行考查：其一是国际竞争力与规模效益；其二是附加价值高低、资本集约度、高新技术产品产值、加工深浅度占该产业总产值的比重。总而言之，广义的产业结构理论是由狭义的产业结构理论与产业关联理论共同构成的。

在对产业结构进行分析时，产业布局与产业组织是关系较为紧密的概念，但究其内涵仍存在差异。其中，产业组织是指制造同类产品的企业在相同市场上集合而成的相同产业内部不同企业间彼此关联形成的关系结构，此结构对产业内部企业竞争力与企业规模经济效益之间的平衡起着决定性作用。产业布局是指某个地区与国家在一定空间范围内的产业生产力的布局与组合。产业布局是产业结构的空间呈现，其是否科学直接影响着该地区或该国家的经济发展速度以及经济发展趋势。除此之外，与以上概念相关的概念还有所有制结构、产品结构以及市场结构，大多数人认为广义的产业结构内容即产品结构，而产业组织方面的内容则是指市场结构。

2. 旅游产业结构

如今关于旅游产业结构内涵的设定，主要是基于产业经济学领域有关产业结构的定义形成的，具体来说，旅游产业结构表现为产业内部各要素间的联系及各自所占比重大小。然而，旅游学界关于旅游产业定义的界定仍然存在分歧，故对其产业结构范围的划定同样无法达成共识。当研究人员从旅游系统视角、产业关联及游客需求的角度了解旅游产业时，大多会从旅游经济结构的视角划定产业结构范围，具体包括旅游产品结构、旅游产业地区结构、旅游产业行业结构等范畴。如果从游客对旅游活动的依赖性视角对产业范围进行划定时，就会将旅游行业结构与旅游产业结构混为一谈，并且将旅游产业结构定义为以行、住、食、娱、购等为核心的各大行业间的要素联系与所占比重大小。与此同时，也有部分学者将狭义的旅游产业结构定义为旅游行业结构，并把广义的旅游产业结构划定为经济结构。

二、文化与文化产业

（一）文化的概念

文化是一种生活习惯与方式，是历史积淀的文化遗产，也是人类某种创造力的结晶。当特殊的生活方式形成一定模式之后，人们就会依据它执行，这种模式逐渐演变为一种风俗，进而成为一种文化。劳动作为最主要的生活方式，不仅创造了人类灿烂的文化，同时还促进了人类经济的发展。当某种文化风俗变为民族乃至国家整体的行为准则后，随着历史的不断发展，会逐渐变为民族性以及地方性的文化。

关于文化内涵的界定与理解，由于背景与经历的差异等多种原因影响，100个人对其有100种解读，这体现出了对文化概念划定的多元化。实际上，对于文化内涵的定义我们无法做到全面概括，也没必要这样做，这是因为个体对于事物的理解所站的角度与立场不同。

从经济学视角出发，人类有意识的生产劳动促成文化的产生。人类第一次打制石器，再用石器进行生产活动或者获取人类生存所需的物质条件，这个过程就是人类创造文明的过程，也是人类智慧的一种彰显，是人类对内部世界不断思考与反省的结果。这个过程最终承载人类诸多的情感与思考，而有意识的劳动最终促使了文化的形成。

（二）文化产业的概念

我们可以从以下三个层面理解文化产业的含义：第一，文化产业的进步应当以市场经济为基础，只有以市场经济为出发点，文化产业才可能具有经济属性。以追求利润为主要目的也是文化事业与文化产业的差别所在。第二，文化产业是以文化为主要内容的行业，所以它与物质产品交易不同，具有一定的意识形态属性，可以提升人的文化涵养。第三，文化产品的生产强调规模化制造。文化企业是从事经营性活动的独立个体，只有遵守相关法律法规，才能在市场中自由经营，以利于文化多元化的发展。

（三）文化产业的特征

1. 文化产业的原创性和复制性

文化生产的关键环节是内容生产环节，而文化内容生产的重要之处在于其原创属性。可以说，文化生产是一种极具知识产权原创的性发明创造活动，不同的产品都有其不可复制性及不可替代性。

虽然文化产业的产品具有原创性与唯一性，但是它仍需要通过批量生产实现其价值。文化产业与传统制造业的复制生产是存在差异的，以往的制造业只简单地复制，而文化产业的复制是需要经由文化编码得以重现，这个过程就是内容的媒介。比如我们在购买某一台设备时，主要通过它的实用性能实现其价值，但是文化产品不同，它体现的是一种思想与设计理念，可以使我们的思想得到丰富与滋养。例如当我们购买一本小说，小说的内容和情节带我们进入全新的世界，打开我们的眼界与视野，而这并非文字与纸张这些物质载体带给我们的感受。

2. 文化产业的大众性和文化消费的特殊性

高雅性、地域性以及民族性是传统文化的重要特征。随着传播介质和文化经济的不断发展，每个国家的本土文化都受到巨大冲击，文化一体化日益显著，文化的界限感日益模糊。随着高雅艺术越来越倾向于大众化，其特性也具有了同质性，原有的高雅艺术慢慢被模糊化。文化产品日益市场化使得世界文化都处在高度竞争的状态下，每个国家都在努力创造出被世界认可的文化艺术作品。可以说，目前已经有部分国家的优秀作品成功走出国门，被其他国家认可。文化大众化是文化产业发展的基础，产品的大众化特征主要体现在规模化、机械化以及重复化方面。

然而，文化产业的消费与普通消费有所不同。第一，文化消费把消费与生产融为一体。文化产业的消费与生产本质上是一个信息符号处理的过程，这一过程把消费与生产本能地融合在一起。第二，文化消费基于消费者具备较高的文化素养以及寻求更多精神层面的需求。一般而言，文化消费是一种较高层次的文化需求，需要消费者具备较高的文化修养与知识储备，从而更好地消化与理解作品想要表达的思想感情。第三，个性化是文化消费的一大特点。同一文化产品对不同的消费者产生的化学反应也不同，由于个体的文化、家庭背景不同，对于同一事物的理解也不相同，正如莎士比亚所说的"一千个读者就有一千个哈姆雷特"。

3. 文化产业的休闲娱乐性和教育性

文化产业的发展很大程度上使人们的生活方式与交往方式发生着巨大改变，人们对于休闲娱乐活动的需求日益增长。满足人们精神生活的需求是文化产业的特性所在，尤其是借助文化娱乐业、广播影视业、文化旅游业等满足大众的休闲娱乐需求，不断丰富着大众的精神文化生活。为广大消费者提供充足且优良的精神食粮，同时提供休闲娱乐服务，在很大程度上满足大众对于休闲娱乐的需求，这些是文化发展的前提。随着大众精神文化需求的不断提升，崇尚自然、追求和谐，变成大众精神层面追求的主要目标。

与此同时，文化服务与产品在最大限度上顺应着人们精神层面的生活需求，使得大众深受艺术的感化与熏陶，进而使民族的审美水平与文化素质得到不同程度的提高，起到鼓舞人们、影响人们的积极作用。文化产业的社会属性与教育功能具有同一性，文化服务与产品涵盖各种生产主体的情感、意志、思想等因素。当大众购买文化产品时，他们能够从中得到精神层面的满足与影响，好的艺术作品可以起到积极的作用，而不好的艺术作品则会起到消极的作用，从而危害社会发展。所以，应该注重文化生产与服务的教育意义，将自强不息、勇往直前的优秀精神文化观念融入文化产业中，让消费者在娱乐中受到教育。正如我国文化产业发展的基本原则中所提到的，以科学的理论武装人，以正确的舆论引导人，以高尚的精神塑造人，以优秀的作品鼓舞人，这也是建设中国特色社会主义文化的需求所在。

（四）文化产业的作用

1. 发展文化产业能够加快促进社会主义精神文明建设

文化产业不仅需要一定的物质文明，还需要一定的精神文明，而社会主义精神文明建设主要体现在文化产业的发展方面。可以说，文化产业发展可以带动精神文明建设。具体来说，文化产业主要是指文化服务与文化产品顺应市场发展规律，为消费者提供的新的服务方式与生产模式。消费者从市场中寻找适合自己的文化产品，从而得到精神层面的享受与满足，这种供求关系进而演变成为需求与供给的市场循环。由此可见，文化产业的发展对于社会主义精神文明建设起着至关重要的作用与意义。

2. 文化产业具有稳定社会秩序的功能

通常来说，如果个体在业余时间内没有安排一些具体事项，那么他的犯罪概率就比有事做的人要高。所以，要想管理好社会大众，就要对他们的业余时间管理有所了解。倘若增加人们的文化休闲时间，就会大大降低犯罪事件发生的概率。近年来，社会迅猛发展，信息传播的途径也越来越多，人员流动性也越来越大，这就导致社会中的个体无法合理安排业余时间。大力发展文化产业可以丰富大众的心理需求，引导其身心健康发展。由此可见，推动文化产业的发展有助于社会稳定。

3. 文化产业有助于提高社会大众的文化修养和人文素质

书籍、报刊、电视、广播、网络等不同媒介可以向公众传播一系列的文化精神食粮，这些都可以对大众形成潜移默化的影响，使得社会个体的受教育程度与认知得到不断提高。各个年龄阶段的受众群体都可以从这些文化产品中汲取知识养分，丰富心灵，开阔眼界。可以说，文化产业的发展可以让人们在视听过程中，学习到地理、历史、科技、人文等方方面面的知识，并对自身生存的自然环境与社会环境有更加客观、理性、全面的认识，进而不断提高文化素养。

4. 文化产业具有休闲娱乐的功能

马斯洛层次需求理论中将人的需求分为生理、安全、社交、尊重以及自我实现等需求。由此可见，人类的精神需求需要建立在充足的物质条件基础上才能得以发展。随着当今世界的进步，人们对于精神文化的需求越来越多元化，我们可以从西方中等发达国家看出，当居民的生活水平已经由满足温饱向享受生活转化时，它的文化消费也会随之丰富起来，并且文化产品的针对性更强，可以满足不同人群的精神文化需求。近些年我国经济飞速发展，人们的生活水平不断提高，人们对于文化产品的需求也越来越强烈，并呈现高速增长态势。从群体消费分析中可以看出，大众的文化消费占比越来越大，主要集中在影视、娱乐服务、书籍、音像制品、服装等文化领域。

三、旅游与文化的关系

（一）中国语境下文化和旅游关系认识的演变

20 世纪 80 年代，我国已经开始有专家学者对旅游与文化的关系展开研究，其中有人认为旅游本身就是民族文化的一种展示，也有人认为旅游其实就是文化生活的彰显，同时还有人将社会文化看成是一种旅游资源。所以，旅游离不开文化属性，发展旅游事业也可以彰显文化属性，旅游行业的向内挖掘以及向外拓展都需要旅游文化作为支撑。文化是一切事物发展的根本，旅游同样也是如此，旅游文化相当于理论知识部分，而旅游出行就好比是实践活动内容。通常来讲，旅游文化需要通过旅游活动得以体现，而旅游的过程也是一种文化的彰显过程。旅游文化具有一定的矛盾性与综合性。20 世纪末，基于旅游与文化的密切联系，学者对于文化与旅游关系的研究向旅游文化学转变。但是，这一呼声随着旅游业的不断发展而有所减少，但对于旅游资源拓展的话题日益增多，人们对于旅游文化的关注与研究越来越普遍。然而，此阶段人们对于文化与旅游关系的理解基本上没有太大的进展，始终将文化作为一种资源，认为旅游是一种文化类的产品或者体验渠道，彼此之间相互影响与作用。值得一提的是，人们在对旅游与文化进行探讨时，都没有对文化的具体概念进行界定。

在旅游政策方面，众多政府文件中提到的文旅融合其实就是提倡国内旅游企业将非物质文化遗产作为旅游业发展的资源之一，借助各种技术手段或者经营方式将我国优秀的传统文化向世人展出，从而增强大众的文化自信与民族自豪感。

我国新组建文化和旅游部的举动引起大众对于旅游与文化的激烈探讨，许多学者从不同视角展开旅游与文化关系的讨论，包括人才培养、国家政策、身份认同、追求幸福或者综合角度。但是在众多的讨论中，关于文化与旅游关系的演进历程相对较少，其观察视角仅停留在当下的旅游环境，限制了人们关于旅游与文化关系的全方位理解。

（二）文化和旅游关系发展的三个层次的内涵

1. 文化和旅游关系的起源

文化旅游吸引物的属性是构成旅游与文化关系的起源，这是两者关系的首层内涵。文化可以具有三个层面的内涵，即作为建构个人生活方式的符号工具，作为建构新的符号与意义的事物，以及符号、意义和传统的积累，这是具有身份辨别意义的三个视角的文化。有一定身份辨别意义的文化具有吸引物性质的原因究竟是什么？旅游是发现自我的过程，可以说，旅游体验的过程就是个体的自我构建过程，也是社会群体与个体的区别与联系的身份建构，或是旅游者通过旅游活动来实现身份认同的过程。对于那些具有某种文化认同需求的游客，吸引他们旅游的主要因素就是文化。具体而言，游客对国家、集体以及民族的身份认同需要借由旅游的文化吸引物得以实现。所以，旅游与文化相融合的首层含义主要指游客对于身份认同的追求，然而文化表征身份意义，旅游与文化相互影响促使文化演变为一种旅游资源。随着社会的进步，可以作为旅游吸引物的文化种类越来越多样化。

2. 文化和旅游关系的发展

当文化逐渐演变为旅游资源后，更多的游客前往旅游地体验"文化"，然而并非一切文化均具有观赏性。因此，应把文化旅游资源依据旅游者的不同需求适当地予以展示，所以将具备观赏性的文化资源进行规模化生产显得尤为重要。旅游者体验文化的前提是文化具备可观赏性。文化的这种可观赏性生产主要包括四种方式：第一，通过博物馆向世人进行文化遗产展示，这种方式源于欧洲贵族将个人私藏品向艺术家、少数精英、鉴赏家开放的事例。第二，通过传统艺术或者节庆表演形式向众人展示非物质文化遗产。第三，部分具有一定传统文化特色的城镇或者历史街区的展示。随着大众怀旧情绪的日益高涨，文化交流场所逐渐出现具有消费主义逻辑的行为。在城市化进程中，历史街区的出现既是对传统文化的保护，又作为发展旅游业的文化载体被提出，由此，众多历史街区与古镇被打造为商业文化的消费场所。第四，借助某些主题空间与技术手段为媒介的创意性展示。比如，部分博览会借助新型的技术手段，向世人展示不同于以往的视觉效果，这不仅可以成为身体体验，而且可以成为一种文化景观。以上四种具有观赏性的生产或是文化展示的方式依次把展示文化的范围进一步扩展，即由物质到非物质，再到物质与非物质文化的相互融合，最终到创造性文化的展示。这一不断进步与发展的过程，主要依托技术水平的不断提高。从其他视角出发，也就是说，文化依托旅游得以发展，同时使得文化越来越商业化。

3. 文化和旅游关系的提升

当文化旅游产品逐步形成后，就不需要旅游目的地文化旅游产品的商业销售促进文化产品的商业化发展，如游客对文化的可观赏性展示进行付费，从而促使文化的可观赏性生产的商业化供给，城镇与历史街区、主题公园、博物馆及演艺产品也逐步演变为产业链，我们通常称之为文旅产业。实际上，旅游与文化关系的三个层面主要就是文化从资源到产品再到产业的融合关系，这三个层面在横向关系中同时存在，纵向发展依照历史发展进程彼此相互作用，并对旅游产业与文化发展产生影响，其本质上是文化与旅游关系内涵的三个层次。

第二节　文化产业与旅游产业融合的理论

一、旅游产业与文化产业融合发展的基础

（一）旅游市场与文化市场客源共享

市场是商品交换的场所，反映了商品在流通过程中发挥促进或辅助作用的一切机构、部门与商品买卖方之间的关系。旅游市场指旅游产品交换过程中所反映的各种经济现象和经济关系。按照旅游目的，旅游市场可细分为观光旅游市场、会议商务旅游市场、度假旅游市场、奖励旅游市场、探亲访友旅游市场、体验旅游市场、文艺旅游市场。文化市场是进行文化商品交换的场所，即以商品形式向消费者提供精神产品和各种有偿文化娱乐服务的场所。按文化商品生产或服务的业态，文化市场可以分为文化产品市场、文化服务市场和文化要素市场。文化产品市场又可细分为艺术品市场、报刊市场、图书市场、音像制品市场、体育用品市场、文教设备市场；文化服务市场是以文化服务活动形态的买卖市场，如艺术表演市场、休闲娱乐健身服务市场、科研咨询服务市场、广告策划服务市场、创意设计服务市场、网络服务市场等。文化要素市场是各类文化商品生产和服务的要素买卖市场，如文化产业的知识产权市场、资金市场、技术市场、人才市场等。

根据旅游市场和文化市场的细分可以看到，旅游产业与文化产业在发展过程中具有共同的客源市场，例如度假旅游市场与休闲娱乐健身服务市场、文艺旅游市场与艺术表演市场等。在融合的初级阶段，旅游产业与文化产业可以充分利用共同客源市场，分享市场信息，合力把共享市场做大做强。随着产业融合的不断深入，旅游产品与文化产品、旅游市场与文化市场也将不断融合，旅游产业与文化产业的共享客源市场范围也将越来越广、规模越来越大，进而不断推动旅游产业与文化产业融合的深入发展。

（二）旅游资源与文化资源的异同

旅游资源是指自然界和人类社会能对旅游者产生吸引力，可以为旅游业开发利用，并可产生经济效益、社会效益和环境效益的各种事物和因素。旅游资源是一个地区旅游开发的前提条件，也是吸引旅游者的决定性因素。

文化资源是文化产业发展的基础，它存在于人类物质生产和精神生产的过程之中。文化资源是区域内独特的或具有比较优势的、能够为人类所利用和开发并可以直接转化为经济效益的文化因素，包括历史人物、文物古迹、民俗、建筑、工艺、语言文字、戏曲等，也包括现代城市文明。文化资源既可以一种可感知的、符号化的形式存在，也可以一种思想化、想象化的形式存在。一般认为文化资源有三种存在形态：符号化的文化知识，如语言、传说、图案等；经验性的文化技能，如歌唱、舞蹈、演奏等；创新型的文化能力，如创造性的构思、创意、主题、灵感、方案、决策等。按照文化构成的形态，文化资源可以分为物质文化资源、行为文化资源、制度文化资源和精神文化资源；按照文化资源的存在形式，一般可以分为有形文化资源和无形文化资源；按照文化资源的性质，可以分为物质文化资源和精神文化资源。文化资源是文化创意的来源和灵魂，以文化为底蕴的观念价值决定了产品的市场价值，并且能够提升产品的辐射能力和品牌的亲和力。

通过比较旅游资源与文化资源的构成，可以发现一些资源既属于旅游资源，又属于文化资源，如人文旅游资源中的遗址遗迹资源、建筑与设施资源、旅游商品资源、人文活动资源等。人文旅游资源是指人类在改造世界的过程中创造的、能吸引旅游者的物质财富和精神财富的总和，按照这个定义，人文旅游资源就全部包含在文化资源内。因此，旅游资源与文化资源之间具有广泛的共通性，文化资源成为旅游产品与文化产品融合的基础。

当旅游产品处于"资源产品共生型"阶段，即文化资源本身就是旅游产品时，旅游产品处于低层次开发阶段。随着市场竞争的加剧，旅游产品在本地资源的基础上开始进行深度开发，这时就需要挖掘资源的文化内涵，通过文化内涵提升旅游产品的价值，从而增强旅游产品的吸引力与核心竞争力。

需要注意的是，旅游资源是动态发展的，其范围随着人们消费需求、认识水平、开发水平的发展而同步拓展。在旅游资源拓展过程中，创意以其独特的创新性和知识性将各种文化元素注入旅游产业，有效整合社会经济发展中的各类有形资源和无形资源，通过对资源的旅游功能开发而不断开发出旅游新产品。

二、旅游产业与文化产业融合发展的特征与意义

（一）旅游产业与文化产业融合发展的特征

一般而言，判断一个产业可以从三个方面入手：一是必须是一种生产活动或劳务活动；二是提供的产品或服务必须具有同一属性，不会与其他产业的产品混淆；三是生产同类产品（服务）并在同一市场上发生关系的企业的集合。按照这个判断标准，旅游产业与文化产业都不具有"同类企业集合"的性质，都不符合传统的产业定义，因而它们也都不在产业标准分类中。

同时，旅游产业和文化产业都是以需求为导向、以消费活动为中心而形成的具有"产业群"性质的"泛产业"，它们的产业边界不同于界限清晰的传统产业。从资源构成看，凡是能够对旅游者产生吸引力的自然事物、文化事物、社会事物或其他任何客观事物都是旅游资源；文化资源是指凝结了人类无差别劳动成果精华和丰富思维活动的物质和精神产品或者活动，包括历史人物、文物古迹、民俗、建筑、工艺、语言文字、戏曲等。由此可见，旅游资源与文化资源的构成要素非常丰富，导致旅游产业与文化产业的边界极具开放性，延伸空间非常广阔。同时，根据马斯洛需求层次理论，随着社会经济的发展、生活水平的提高，人们开始追求享受、发展和自我价值的实现，消费者的需求开始朝着多样化、层次化发展，旅游产业与文化产业的产品开发、市场运营也随之变化发展。因此，消费需求的动态化、多元化发展导致旅游产业与文化产业的边界极不确定，旅游产业与文化产业的边界表现出明显的模糊性、渗透性和动态性特征。由此可见，相比于其他产业，旅游产业与文化产业之间也更易发生渗透、交叉现象。

我们将旅游产业与文化产业看作两个独立的产业，而且这两个产业具有自己的产业边界，那么旅游产业与文化产业的融合指的是产业之间的融合。这里将旅

游产业与文化产业的融合定义为：旅游产业与文化产业之间通过相互渗透、相互交叉而形成新产业或新产业价值链的动态发展过程。

有人会对此提出异议，认为旅游产业是包含在文化产业内的，因为目前文化产业已经具有了旅游属性的行业部门。其实不然，由于旅游产业与文化产业的边界本来就极具开放性、模糊性和渗透性，加之在知识经济和信息科学技术的引领下，旅游产业与文化产业的组成和分类变化越来越多，这正是旅游产业与文化产业不断突破产业边界、动态发展的结果。目前，旅游产业与文化产业之间存在交叉重叠的部分，这正是旅游产业与文化产业融合发展的体现。

因此，产业融合并不会因为旅游产业与文化产业的关系受到影响，随着旅游产业与文化产业从资源到产品，再到市场的不断融合，它们之间交叉重叠的部分将越来越多，融合形成的新业态越来越多样，旅游产业与文化产业之间的融合将更加广泛而深入。

在研究旅游产业与文化产业融合发展时，还须注意其与文化旅游的区别。文化旅游是指那些对体验文化经历有特殊兴趣的游客发生的旅游行为，除了一般的遗产旅游，还包括艺术、信仰以及风俗等。文化旅游是重要的旅游细分市场，可以看成是旅游产业与文化产业融合的表现，但是旅游产业与文化产业融合的结果并不仅仅是文化旅游。旅游产业与文化产业的融合是动态发展过程，产业链的各个环节都有可能发生交叉、渗透，融合方式与路径多种多样，融合结果的表现多种多样，文化旅游只是其中的一种表现形式。

文化是旅游的核心和灵魂，旅游是文化的载体。文化因素已经渗透到现代旅游经济活动中的生产、交换、消费等各个环节；通过旅游开发，文化资源有了良好的开发载体、传播平台和保护，并使文化在保护性开发中实现产业化发展。总之，旅游产业与文化产业相互依存、相互促进、密不可分，文化旅游的兴起表明旅游产业与文化产业之间的融合正在发生。

（二）旅游产业与文化产业融合发展的意义

1. 促进旅游产业转型升级

随着现代经济的发展，经济的增长越来越依赖单位要素产出效率的提高，而不是要素投入量的增加，经济增长方式逐渐由粗放型向集约型转变。旅游经济增长方式是指通过旅游生产要素投入的变化，包括生产要素的数量增加、质量改善和组合优化来实现旅游总产出数量增加的方式，强调旅游生产力的提高和发展。在旅游市场不断成熟、旅游需求不断变化、旅游市场竞争日益激烈的发展背景下，旅游产业也亟待摆脱只追求数量与规模的粗放型增长模式。

在文化产业与旅游产业融合过程中，资本、技术、劳动力等产业要素将在旅游产业与文化产业之间共享，资源流动范围扩大，资源配置速率、效率得到显著提高。同时，旅游产业还将汲取和利用文化产业中的诸多软性要素，如文化资源、文化创意等。在"经济—文化"一体化发展背景下，"文化"成为推动旅游经济增长方式转变的重要因素：文化创意的运用能够将新点子、新想法注入原有的旅游资源、旅游产品开发中，能更加有效利用、开发文化资源，并将各种自然的、人文的、有形和无形的资源有效地转化为旅游产业发展的资本，促进经济资本、文化资本和社会资本的相互转化，从而使旅游产业更多地依靠文化资本、社会资本而实现更高层次的发展。同时，文化具有丰富的内涵与开阔的外延，文化产业的辐射效应与渗透效应，为与之融合发展的旅游产业升级提供外部推力，使得旅游产业本身发展的内生动力增加，进而旅游产业拥有更广阔的发展空间，在广度与深度上更进一步向前发展。在与文化产业融合过程中，旅游产业结构将得到优化升级，旅游经济增长方式将逐渐向创新型、文化型、内生型转变，整个旅游产业系统将朝着高级化不断发展。因此，旅游产业与文化产业的融合将促进旅游经济的持续繁荣，保证旅游经济的高质量、可持续发展。

2. 推动文化产业的快速发展

文化产业是一种特殊的文化形态和经济形态。旅游作为文化的载体，为文化交流、传播提供了良好的平台，是文化借以生存、延续、发展、重生的重要媒介之一，能够有效助推文化产业的快速发展。随着国民经济发展和国民素质提升，旅游逐渐成为人们生活的重要组成部分，由此创造的巨大客源市场也为文化产业的快速发展提供了广阔的市场空间。在与旅游产业融合过程中，随着市场需求的变化和文化市场的进一步改革，文化产业将沿着更符合时代特征、更符合大众需求的道路快速前进，从而更好地发挥文化产业的文化服务功能。

新颖性是新兴文化产业发展的关键。在旅游产业与文化产业的融合发展中，文化内容既是文化产品的重要组成部分，也是影响旅游产品质量的因素，以文化旅游为例，来自不同地域的旅游者，拥有不同的甚至截然相反的文化背景，致使其在旅游过程中对文化内容及表现形式要求各异，最终使得文化旅游不断接受刺激，发展新内容，挖掘新形式。

与旅游产业融合发展，一方面有利于保护和传承优良传统文化，另一方面有利于促进新兴文化产业的挖掘与发展工作。文化产业的发展强调原创，而原创的源泉是传统文化，传统文化资源是旅游产业开发利用的宝贵资源和精华内容，通过旅游开发形成的文化产品可以较好地反映新时代的价值理念和精神风貌，为传统文化提供新的发展方向。

旅游者的需求是动态的、多样的，旅游者在旅游过程中对文化的需求不是一成不变、完全相同的，旅游者对文化的需求是多种多样、层出不穷的，文化产业作为一种特殊的文化形态，其所包括的文化资源作为旅游开发与保护的重点，在与旅游产业融合发展过程中更易被开发成具有文化内涵的旅游产品。这些产品既包括物质形态产品，如博物馆、纪念馆等公共服务设施建设，陶瓷、木雕等旅游工艺美术品，特色美食、服饰等旅游商品；又包含精神形态产品，如少数民族歌舞表演、景区实景演出、会展、少数民族传统节日节庆，以及非物质文化遗产等。文化产品的种类在文化产业与旅游产业的融合过程中不断增多，文化产品的内涵在文化产业与旅游产业融合过程中不断丰富；同时，文化产业资源在文化产业与旅游产业的融合过程中得到更好的开发、保护与传承。

3. 繁荣文化事业

文化事业是提供公共文化产品和服务的公益性文化部门，主体是事业性文化单位；而文化产业是从事文化产品的研发、生产、营销及提供文化服务的经营性行业，主体是文化企业法人代表。文化事业与文化产业虽然主体不同，但两者的生产对象都以"文化"为核心，其本质都是生产精神文化，两者是相互依赖、相互渗透、相互转化的关系。文化事业的核心是非营利性，党的十六大报告就提出"经营性文化产业"和"公益性文化事业"两大类别，在市场经济条件下，仅依靠政府的支撑实现文化事业大繁荣非常困难。同时，在满足人民群众多样化、多层次、多方面精神文化需求方面，文化事业因受财力、物力、人力等局限很难统筹兼顾。旅游产业与文化产业融合是两者通过相互渗透、相互交叉而形成新产业或新产业价值链的动态发展过程，在此过程中所产生的经济效应和社会效应促使中国传统文化与新兴文化的继承、更新形成良性循环机制，并在文化旅游发展中潜移默化地成为一种生产力，有助于消除地区差异，最终达到文化事业的繁荣兴盛和文化强国的目的。

我国历史悠久，文化底蕴深厚，形成了丰富、厚重而珍贵的文化资源宝库。随着我国文化体制的改革，宝库中的一些文化资源得到有效开发，但很多极具社会价值与经济价值的文化资源仍是"藏在深处的瑰宝"，处于待开发状态。旅游产业与文化产业的融合可以有效地提高文化资源的利用率，使得大量尚待开发的文化资源得到充分利用，从而在丰富文化产品、旅游产品的同时，起到繁荣文化事业内容的作用。

旅游产业与文化产业的融合能使富含历史文化内涵的遗址遗物、充满民族特色的工艺和美食、承载教育传播意义的博物馆等得到新的支撑力量和新的发展动力，进而促进文化事业的欣欣向荣。同时，在旅游产业与文化产业的融合发展过程中，服饰、饮食、工艺美术、宗教民俗等传统文化，包括一些濒临消失的非物质文化遗产资源，可以通过旅游节庆、旅游博览会等各种旅游平台得到展示和挖掘利用，逐渐形成文化保护、开发、传承、弘扬的良性循环，在这个循环过程中，旅游产业与文化产业融合发展将产生良好的溢出效应和引致效应，使得文化成为社会进步发展的生产力，不断创造经济价值和社会价值，从而为繁荣社会主义文化提供良好的发展保障机制。

旅游产业与文化产业融合发展能够有效促进我国农村文化事业的发展，缩小城乡文化事业发展差距。我国现在很多尚未开发的特色文化资源正是处于地理环境偏僻、交通不便的农村地区，近年来蓬勃发展的乡村旅游、少数民族风情旅游正是以广大农村地区为旅游目的地。在旅游产业与文化产业的融合发展过程中，旅游成为城乡文化交流和传播的重要途径，乡村地区以其良好的环境、原生态的文化风貌、独特的民俗风情吸引城市旅游者的到来，同时城市文化也以其鲜明的现代化、市场化等特征强烈地影响着乡村文化。在这一过程中，一方面振兴了乡村文化，另一方面是乡村文化出现了同化、商品化现象。但从长期来看，旅游产业与文化产业的融合可以有效地保护、传承乡村文化，促进优秀乡村文化的建设，在提高农村居民收入水平的同时，促进农村居民文化素质和文化需求的提升，进而推动乡村文化事业实现繁荣发展。

第二章　文化旅游的开发及其规划

第一节　文化旅游的开发

一、文化旅游的概述

（一）文化旅游的特征

文化旅游是以不同地区（国家）的文化互异性为诱因，以文化的碰撞与互动为过程，以文化的相互融洽为结果的，它具有民族性、互动性、感悟性等特征。

1. 文化旅游的民族性

文化旅游的民族性由文化的民族性（多样性）所决定。前面说过，文化是一个有机的系统，具有民族性和整合性的特点，文化的民族性源于共同地域中人们的共同生活。在社会发展的早期阶段，生活在同一地域内的一群人在一定的自然条件下团结起来，与自然斗争，获取食物及其他生存的必要条件，共同的生存需求、劳动任务及劳动技能产生了共同的风俗、生活方式及世界观。随着社会的发展，人类由一种社会经济结构过渡到另一种社会经济结构，各个民族在这个过程中经历了不同的时期和不同的条件，从而导致不同的财产关系、法律关系及道德准则的出现。

不仅民族与民族之间的文化各具特色，而且在地区与地区之间、时代与时代之间、阶级（阶层）与阶级（阶层）之间的文化也具有多样性，即也各具特性，所以不只在国际旅游中可以体验文化旅游，在国内区域之间进行文化旅游，也能感受到文化旅游的民族性。

文化旅游的民族性主要通过旅游景区的文化特色和旅游者旅游心理的民族性体现出来。

（1）旅游景区的文化特色

文化旅游的东道社会正是以自己景区的文化特性为诱因，吸引游客从四面八方聚拢而来的。一般来说，为了更好地吸引游客，获得更大的经济和社会效益，旅游接待地区都要对区内景区进行系统的规划设计，以便更能突出本景区的文化特色。所以游客一到达旅游景区，当地的文化氛围就会扑面而来。

（2）旅游者旅游心理的民族性

来自不同文化氛围的旅游者，其旅游行为与心理不同。一般来说，中国大多数的旅游者比较内敛稳健，而西方大多数的旅游者则比较外向和富有冒险精神；中国人旅游注重内心感受，而西方人注重对外部世界的观察；中国人倾心于旅游的道德塑造且富于人文情怀，而西方人看重旅游的求知价值且充满科学精神。这种不同的旅游性格，使旅游者在旅游过程中表现出不同的审美标准和行为模式。西方旅游者比中国旅游者更容易选择攀登高峰、下河漂流、极地探险等旅游项目；中国旅游者比西方旅游者更容易选择繁华都市、人文荟萃的旅游场地。

2. 文化旅游的互动性

文化旅游是两种不同价值观和价值标准的文化相互接触、碰撞的过程。这种碰撞对双方文化（旅游者与东道社会）都会有所影响，从而使各自文化系统内的某些因素发生改变，这就是文化旅游的互动性。在文化旅游过程中，原本互不相干的两个相对离散或完全隔绝的文化系统，由于旅游移动和传播活动而相互接触、碰撞、交流。旅游者从其所处的出发地的文化生态中受到熏陶和教育，并又将他与生俱来的这种母体文化传播到旅游目的地中；反过来，他又将在目的地的文化生态中所接受的信息和感受到的风情传播到出发地社会文化系统中，从而使出发地与目的地的社会文化产生接触和对流。同时，旅游者自身的文化人格在两种文化接触对流的过程发生了量变甚至质变。

（1）文化旅游对旅游出发地文化系统及旅游者自身文化人格的影响

旅游出发地社会常常能从文化旅游活动中得到意料之外的文化凝聚力。文化旅游使旅游者认识了自己与异质文化的差距，从而反过来加深了对自身所属文化系统的认同感。在异质文化社会旅游的过程中，来自同一文化群体的旅游者之间能够建立更加稳固的友谊，这就是所谓"老乡见老乡，两眼泪汪汪"般的感情。

旅游者的文化素质得到极大的提高和培养。旅游者通过文化旅游，可以亲自了解自身之外的文化系统的状况，培养对现实人生的全面认知能力和宽广的心胸。而且，文化旅游可以陶冶旅游者的情操，有利于其智力、艺术和文学方面的创造。

旅游者的身体素质和心理健康可以从旅游中获得大幅提高。旅游者从紧张、熟悉的社会环境中前往轻松、陌生的目的地游玩，可以尽情释放平时遭到重重压抑的个性，使身心获得调适。在旅游目的地置身事外、超然物外的游览观光，无疑能促进身心健康。

文化旅游使得旅游者所属的文化系统的精神面貌发生改变。如果一个地区有相当数量的居民外出进行文化旅游，他们带回来的综合信息将使本地区人民的知识、思想甚至观念发生改变。

（2）文化旅游对旅游接待地区文化系统的影响远远大于其对旅游出发地的影响

这是因为旅游接待地区是两种文化交流碰撞的现场，这里的人更容易受到两种文化强烈对比的影响。概括起来，文化旅游接待区的变迁和改善主要有以下三个方面：

①经济的发展和生活水平的提高。旅游接待地区由于接待大量涌入的旅游者，兴起了旅游产业，促进了经济的发展和当地社会的现代化进程。与此同时，文化旅游所要求的大量表演甚至旅游者入住居民家庭等，为当地居民提供了大量就业机会和现实收入，使人们的生活水平得到切实提高。

②社会风尚的变迁。旅游接待地居民与旅游者大量接触，使旅游者身上所体现出的文化因素为当地居民所了解甚至接受。如旅游者的衣着穿戴、行为举止、人际交往、金钱观念等都可能为接待区居民所接受和效仿，从而使旅游接待地区的社会风貌发生变化。

③文化的拯救和发展。旅游接待地区视为古旧、准备废弃的东西，可能被旅游者奉为珍宝。他们一次次地购买或拜访，使旅游接待地区重新认识这些东西的

价值，从而加以拯救和发展。如中国失传了千余年的传统节目——马球，由于适应旅游的需要而在西安得以重现。某些传统工艺由于受大工业挤对而濒于绝迹，旅游使之起死回生。如美国印第安人的珠宝工艺和陶瓷工艺、我国山东潍坊市的木版年画和风筝制作等。

3. 文化旅游的感悟性

相对于观光旅游、都市旅游、生态旅游等旅游类型，文化旅游具有更强的感悟性。也就是说，文化旅游审美效果的实现，更加依赖于旅游者对旅游区的规划设计以及各项活动的感受和领悟。旅游者进行文化旅游的目的是通过对异质文化的体认、参与来增长知识，陶冶情操，从而获得审美快感。其中，旅游者对旅游区所展示的文化的领悟程度至关重要。因此，旅游接待地区和旅游者本身都应该为此做出努力。

从旅游接待地来说，要对旅游景区及游客的旅游参与活动进行系统的、合理的规划设计，使所有建筑、表演、活动都能鲜明地展示本旅游区的主题；同时要加强对导游人员、表演人员及服务人员的教育培养。首先要使本旅游区工作人员对景区文化有清醒的体认。只有这样，游客才能从景区的规划布局、演员的演出特色、导游及服务人员的言谈话语中加深对景区文化的理解。

从旅游者自身的角度说，要想从文化旅游中获得更多的知识和美感，重要的是提高自身的综合文化素质。我国古人提倡"读万卷书，行万里路"是有道理的，了解多了才会有比较，有比较才会有鉴别。对异质文化的体认，需要的也是这种鉴别的能力。此外，旅游之前多读一下旅游景区的介绍读物，也大有裨益。

（二）文化旅游的功能

对于文化旅游的功能，我们可以从国家（地区）和旅游者个体两个层面上去分析。

1. 从国家（地区）的层面上看，文化旅游有以下功能

第一，发展文化旅游有利于树立旅游接待地区的文化形象，提高旅游接待地区的知名度。

不同的人群有不同的文化品格，我们平日所说的日本人尚武、法国人浪漫、

英国人富有绅士风度，以及唐代人意气风发、宋代人忧郁典雅等，都是不同人群不同文化品格的反映。用人类学的观点来看，每一种文化都有其对于自身，也是对于世界的独立价值。文化旅游正是以古今中外形形色色的人群所体现出来的文化为旅游吸引物来发展旅游业的。旅游接待地区通过文化旅游，宣传和发扬自己的（或先人的）文化品格，树立本地区的文化形象，从而提高了本地区的知名度，加强了与世界各地人民的文化交流。

第二，发展文化旅游有利于增强旅游接待地区文化群体以及旅游者对自身所在的文化群体的自我认同，增强各自文化的凝聚力。

旅游接待地区在挖掘和树立地区形象、向游客宣传和显现自身文化品格的同时，也教育和感染了本地人民，加深了他们对自身文化的理解与把握，从而增强了其对自身文化的认同感。反过来，旅游者在接触异质文化的过程中，通过心理上自然发生的文化对比，加深了对自身文化特点的理解与把握，从而增强了文化上的自我认同。文化凝聚力就是在文化群体成员的文化认同的基础上产生的。

第三，发展文化旅游有利于不同文化系统之间相互学习和吸收对方的优势，扬长避短，使人类文明获得更为健康的发展。

文化旅游是两种文化相互接触、碰撞的旅游形式，在旅游过程中，低势能文化的一方（不管是旅游者还是旅游东道社会）必然吸收高势能文化的文化要素，从而改变自己以往的生活模式和思维状态，进而提高本民族的文化素质。不仅如此，高势能文化有时也可以从低势能文化中汲取某些有利的文化因子，丰富和发展自己。两个势能相当的文化系统成员之间的旅游活动，则对两个文化系统都有很大的帮助。

第四，文化旅游有利于促进不同文化群体成员之间的理解，增强两个系统的人民之间的友谊。

文化旅游是以展示东道社会文化物质为特性的旅游活动。由于旅游接待地区对旅游景区的规划设计以及各项旅游活动安排都是以突出和体现本文化系统的文化物质的原则展开的，所以旅游者在旅游过程中比较容易接受和把握这些文化物质，从而加深了他们对东道社会的了解，增强了两地人民之间的友谊。

2. 从旅游者个体层面看，文化旅游具有陶冶旅游者文化人格的功能

个体人格的完善就是真、善、美情操的确立。文化旅游通过旅游主体的外出旅行，能够扩大主体的眼界，使其在对各种社会和文化的比较中，获得对世界真相的可靠认识，并进而提高主体的认知能力，培养其追求真理、爱美向善的素质。

（1）文化旅游对于旅游主体"求真"能力的培养

求知欲是人类的天性，人的感官和心理在身之所处的狭小空间对象范围的束缚和刺激下，产生了强烈的外倾态势。这种态势产生的内驱力使人具有与生俱来的拓宽精神视野的欲望，追求一种必要的真实感和现实感。古人所说的"读万卷书，行万里路"是个体实现自己求知、求真欲望的两种主要途径。旅游正是"行万里路"的现代翻版。

文化旅游在培养旅游主体"求真"人格中的作用主要表现为以下两点：

①文化旅游加深了旅游者对社会历史的认识。社会历史现实纷繁复杂、变化万端，当人们局处一域、坐井观天时，他们对社会历史的认识是相当肤浅的；而当人们走出家门，作为一个旅游者去体察周围世界、见识各色人生时，他们对社会历史的认识就会更深一层，而这种深层的体认进一步促进旅游者去了解更多的社会历史风貌，以求得对社会历史本真面目的认识，这样旅游主体求真的文化人格就慢慢得以确立。

②文化旅游促进了旅游者对社会风情的体验。文化旅游的旅游者是抱着一份对异质文化的魅力的向往而走出家门的，他们进行的旅游活动既是一种审美活动，更是一种求知活动，即旅游者有强烈的想了解其他民族生活习惯和人文环境的求知欲望，通过对其他民族或地区风土人情的考察，来反观自身的生活状态，从而感受生活的意义，获得对生活本真的认识。

（2）文化旅游对于旅游者审美能力的培养

当旅游者踏上旅途开始对旅游客体进行游览时，审美思维活动便随之开启并连续运作，由被动感受向生动想象发展，由此产生一系列审美结果，如审美感觉、审美想象及审美情感等。

①审美感觉的产生。审美感觉是旅游主体审美感官受到客体刺激后产生的直

接印象。当旅游客体直接作用于旅游主体的感觉器官时，便在人脑中产生了对这些客体个别属性的反映和感受。

②审美想象的驰骋。当旅游者在对眼前的审美对象进行欣赏时，不由自主会联想到另一些与此相关的事物，这就是审美联想。在文化旅游活动中，借助联想，就能使当时的审美体验不只是停留在对客体表面的简单的感受上，而且能间接地深入感受到对象所蕴含的内在意蕴，从而深化和丰富所感受的内容。

③审美情感的激发。审美情感是旅游者在审美过程中对客体的一种主观情绪的反映。旅游审美情感属于高级的情感类型，它追求的是精神性的愉悦，而不仅仅是悦耳悦目。文化旅游通过旅游项目的合理设计，使旅游者高品位的旅游情感得以实现。

旅游主体在旅游客体美的感召下，争相游览和审美，使主体的审美意识得到锻炼和提高。反过来，审美意识又促进了主体对客体美的审视和欣赏。就这样，在主客互动、无限循环的过程中，旅游主体的审美素质得到无穷的提升，文化人格得以日趋完善。

（3）文化旅游对旅游者向善情感的培养

审美、向善和求真是形成一个人完善的文化人格不可缺少的三部分。向善情感的培养主要是对个体进行崇高的道德品质的熏陶，文化旅游是旅游者修身养德的绝好途径。文化旅游活动中众多先人的文化遗迹、异族他乡的淳朴民风，容易使旅游者将平素琐屑、狭隘的心念抛之云外，使灵魂得到净化，道德得以提高。

二、文化旅游开发规划

文化旅游开发规划是在文化旅游资源调研、评价的基础上，针对其文化的特色，按照所在地的经济、社会发展趋势以及旅游的文化口味，对文化旅游资源进行开发方案的设计与具体的实施。旅游文化发展的趋势由观光旅游转变为知识度假，让旅游者对精神享受与物质满足相结合越来越注重，致使文化旅游成为当今旅游消费市场上的新动向，也具有很大的发展潜力。

文化旅游的类型特别多，而每种文化旅游的类型都有自身的开发特点与特色，但不管哪种形式都应该遵循总的开发原则。

（一）资源的调研

文化旅游资源的调查应该说是开发项目设计的前期基础工作，它能够直接为旅游资源评价提供科学的研究资料。建立在充分调研基础上的文化旅游资源开发可行性论证，是开发规划的必要条件，是开发决策的重要依据。

1. 范畴

旅游资源大体上分为两类：一类为自然资源，另一类为人文资源。自然资源包括气候、湖泊、峡谷、海滩、动物、植物、火山、自然保护区、温泉等以自然造物为主的景观；人文资源又包括考古、历史与文化遗址、特殊的文化格局、文化节日、工艺品与艺术品、特殊的经济活动、博物馆的文化及文化建筑、主题公园、各式会议、特殊事件、消遣、娱乐、体育及博彩活动等。

从自然资源与人文资源的包含内容看，人文资源显然应属于文化旅游资源的范畴，但自然资源并非都不属于文化旅游资源。我们所熟知的武当山是一座风景宜人的名山，同时也以独特的道教文化吸引着广大的游客，因此它同样属于文化旅游资源。所有的文化旅游资源都有其物化的表现载体，某些还与自然资源是交融的。从定性的角度分析，对文化旅游资源的范畴应该确定为：以一定的文化特色为背景，突出某种文化的主题，满足旅游者某方面精神需求并激起其旅游动机的各种因素的总和。它可以是物质的、有形的，如园林、寺庙；也可以是非物质的、无形的，如都市文化、民俗文化等。大致来讲，我们可以把文化旅游资源分为历史文化资源、民俗文化资源、宗教文化资源、园林文化资源、建筑文化资源、饮食文化资源等类别。另外，像新兴文化、时尚文化也属此范畴。进行文化旅游开发之前，要明确开发对象所属的资源类别及其开发的侧重点，在此基础上按照不同专题开发所适用的方法进行规划设计。

2. 调查的内容

行之有效的开发规划，建立在对文化旅游资源全面翔实的了解的基础上。这个资料要依赖调查工作的认真进行。在开发文化旅游资源之前，应调查如下三个方面的内容：

（1）文化旅游资源状况

首先，根据美、特、奇、古、名、稀等旅游资源特点来确定调查对象；其次，抓住其文化特点，搜集尽可能多的背景资料，进一步调查其级别、规模及有关的重大历史事件、名人活动、文化作品等基本情况，形成文字、照片、录像等有关资料。

（2）所处区域的自然、社会、经济、环境等条件

文化旅游资源的开发不能一枝独秀，开发工作的进行需要所处区域的大力支持。因此，开发实施前的一项重要工作是了解区域各方面条件，包括自然条件、社会条件、经济条件、环境条件等。调查其所在区域的自然条件包括气象、气候、水文等；社会条件包括人口与居民、医疗环卫、安全保卫、历史等；经济条件包括位置、距离、交通、电力、通信、食宿等；环境条件包括大气、水体、土壤、噪声等污染状况，同时也包括空气、水、岩石等自然要素中的重要物质。

（3）调查客源状况

不仅要调查目前客源市场的组成情况，而且要根据资源的吸引力和当地的社会经济状况、社会人口特征、旅游者的消费行为特征等，分析潜在的客源市场。

（二）资源开发可行性的研究

1. 资源承载力分析

承载力为资源的开发利用和环境相协调共存的极限值。对于承载力的具体标准，目前还缺乏精确且可供推广的度量指标，一般主要从以下三个方面来把握：

（1）文化承载力

开发文化旅游主要依赖特色文化资源，在开发过程中难免把它商业化；在接待游客期间，旅游者所带来的文化又会对本土文化形成冲击。如何在利用与保护文化两方面之间找到一个平衡点，这是一个值得思考的问题。

（2）经济承载力

文化旅游资源开发的根本目的是获取经济效益，因此旅游部门常设计开发许多项目来吸引游客。但过度的开发又会给资源所在地带来物价上涨的问题，过度的商业化行为也会令旅游景观对旅游者失去魅力。开发文化旅游要在满足旅游者

需要、获得目的地居民支持的前提下开展，两者和谐的极限就是经济承载力，这是开发商应把握的问题。

（3）环境承载力

对文化旅游资源来讲，环境的保护不仅包括保持自然环境不受污染，而且包括景观与周围环境相互协调，这些均从美学角度来讲。例如，在古色古香的木楼前修建一个现代化的广场就会显得有些不伦不类。

2. 资源开发可行性的论证

这项工作要结合资源调查的结果进行，在调查数据、文字图像资料的基础上再深入研究。对开发的外部条件，尤其是客源市场的需求和发展趋势，做出科学预测与周密分析；对开发建设项目、投资、产出、环境效益等方面，做出综合评价估算。然后，在此基础上做可行性论证报告上交主管部门批准。

（三）有关文化旅游开发的思考

1. 文化环保的思考

开发文化旅游，最让人担心的是文化商品对文化价值的曲解与对环境的破坏。但可以肯定的是，旅游的发展与文化环保之间不是对立的，相反，在市场下产业运作文化遗产进入自体保护与发展循环途径，是文化旅游最好的切入点。关键是开发文化旅游时文化环保的问题。第一，文化景观与自然景观在开发上应是协调的。自然环境影响着旅游地的格调，要避免开发中商业性与人造的文化景观破坏整体协调性。第二，加强本土文化保护。只有再现文化历史景观的原貌，营造相适应的历史文化氛围，才可以提升景观的文化品位，创造文化旅游良好的环境。历史文化的建筑、名城等的保护，成为本土文化保护的首要任务。要坚持传统与现代文化旅游区相分离的原则，保持传统区域的整体性，另辟新的景区景点。第三，强化公众文化遗产的认知，引导人们的保护意识，对精品的原生态旅游遗产建立保护基地，将保护与研究相结合。第四，相关规划与管理部门要建立历史文化永续利用的资源观念，在规划时将保护规划作为整体的一部分来编制，克服"先开发，后规划"的做法。

2. 开发过程中伪文化的思考

伪文化现象主要表现在：盲目开发，人为夸大文化品位；只顾深刻挖掘本地文化而不注重因地制宜地进行；随意造假，弃真求假；一些地区搞庸俗的宗教旅游开发；等等。这样的文化旅游是无生命力的，在对文化资源开发与保护上要以拒绝伪文化为前提，以真、善、美为原则整合优秀文化资源。对当地文化旅游应重视形象的定位，对历史文化遗产要严肃而认真地开发利用。以科学规划为指导，以高起点方案调查研究，搞好科学的论证。

3. 开发过程中市场运作的思考

投入不足资金短缺是文化旅游开发的突出问题，对这一问题的解决，除政府的投入以外，还要利用市场运筹，实现多元投资。首先，建立文化旅游资源专项基金开发，以政府为主投入，也可以利用本地企业进行筹集；其次，可加大商业引资，吸引民间资本来投入。

4. 文化旅游产品营销的思考

旅游产品与特定文化资源联结，它的定位要以文化营销来考虑。第一，将特色文化体验以品位核心价值进行展示，其他营销策略等都以这一核心制定。第二，以文化的大众认同性进行分析，旅游产品的定位要符合群众的认知，应研究旅游者的心理需求，在核心展示的同时，将文化体验类型以文化资源整合的方式传递给游客，形成点面结合的体系。第三，以文化的价值理念来分析，文化活动价值的追求是其意义。在营销中，要遵循这一理念，坚持在健康文化基础上，为旅游者提供文化体验，提升消费审美与水平，让营销不局限于经济效益的追求，成为彰显社会效益的文化行为。

（四）资源的评价

文化旅游资源评价，是在对文化旅游资源进行全面而翔实的调查基础上，进行的深入的研究工作。通过一定的方法对资源的特色、性质、功能、旅游环境及开发利用条件做出综合评价，确定其优势与劣势，从而确定开发的机会与约束，为文化旅游开发方向和项目的设计提供理论依据，也为文化旅游资源的分级管理提供系列资料。

1. 评价的原则

文化旅游资源涉及多学科多方面的知识，是由多种因素构成的一个综合体。旅游者的审美情趣各有差异，文化品位各有高低。如何寻求在满足旅游者需求的前提下挖掘文化旅游资源潜力的最佳开发点？这就需要全面真实地认识文化旅游资源。而仅有认识是不够的，准确衡量资源的价值需要借助一个统一的标准，遵循一定的原则。综合各方面的研究成果，一般情况下，文化旅游资源的评价应遵循以下六个原则：

（1）客观实际的原则

不论文化旅游资源是有形的还是无形的，其特点、价值和功能都是客观存在的，评价时要实事求是，对它的价值与开发前景既不夸大也不缩小，应做到客观实际、恰如其分。这是保证决策能切中要害的前提。

（2）全面系统的原则

该原则体现在两个方面：一是文化旅游资源的价值和功能是多方面、多层次、多形式、多内容的，按照它的价值来讲，有历史、文化、艺术、观赏、科考和社会等价值，功能有观光、度假、娱乐、健身、商务、探险、科考等，故评价时要全面、系统、综合地衡量；二是对涉及的文化旅游资源开发的自然、社会、经济、环境和区位、投资、客源、施工等开发条件，要给予综合考虑。

（3）符合科学的原则

这一原则主要是针对文化旅游资源的渊源、本质、属性、价值等核心问题，评价时应采取科学的态度，不能全部冠以神话传说，更不能宣传带有迷信色彩的东西，要给予正确的科学解释。可适当点缀神话传说，以提高文化旅游资源点的趣味性，适应大众化旅游的口味。

（4）效益估算的原则

文化旅游资源评价是以开发利用为最终目的，开发的首要目的是要能够获得效益，并且要考虑的是经济、社会和生态的综合效益。因此，评价时要估算其效益，如开发后得不偿失则不宜开发。

（5）高度概括的原则

文化旅游资源评价过程涉及的内容众多，为了让评价结论有可操作性，评价结论应明确、精练，高度概括出其价值、特色和功能。

（6）力求定量的原则

在评价调查区域文化旅游资源时，要尽可能避免带有强烈个人主观色彩的定性评价，力求定量或半定量评价，并要求对不同调查区尽量采用统一定量评价的标准，以便评价过程中的比较。

2. 评价的内容

文化旅游资源评价的内容主要涉及旅游资源特色、旅游资源环境、旅游资源开发潜力及旅游资源开发条件四个方面。

（1）旅游资源特色的评价

①文化旅游资源特色。"特色"是旅游资源吸引旅客出游的关键性因素，是旅游资源开发的灵魂。开发文化旅游属专题特色旅游范畴，通过对文化旅游资源的详细调查、挖掘文化内涵、抓住其特有的文化价值、确定资源特色，为确定旅游资源的开发方向和具体旅游项目的建设提供依据。

②文化旅游资源的价值与功能。文化旅游资源的价值决定其旅游开发的功能。拥有观赏、历史、文化、科学、经济和社会等价值的旅游资源，一般均具有观光、健身、商务、探险、科考、娱乐等旅游功能，据此决定其开发方式和保护模式。

（2）旅游资源环境的评价

①旅游自然环境。旅游自然环境指资源所在区内的地质、地貌、气象、水文、生物等组成的自然环境。旅游自然环境对文化旅游资源的质量、时间节律和开发有着直接的决定作用。首先，不少自然环境的组成，如植被、水文、气象本身就是旅游资源不可分割的一部分，直接影响旅游资源的质量与品位。其次，旅游自然环境的某些因素，如气候的季节变化，直接决定与影响到资源所属区旅游的淡旺季。最后，旅游自然环境的某些因素，如地质、大气、水体和生态环境质量也会影响旅游资源的开发。

②旅游社会环境。旅游社会环境指旅游资源所在区域的政治局势、社会治安、医疗保健和当地居民对旅游的认识等条件。一个地区的政治局势和社会治安稳定与否，直接影响旅游者的出游决策。政局不稳、战争频发、社会治安差的地方，即使有丰富的、高品位的旅游资源，游客出于人身和财产安全的考虑，也畏

惧旅游。医疗保健条件较好的地区，能保障基本的人身安全和及时处理旅游过程中游客的疾病、意外伤害和生命安全事故。若当地居民对旅游业有正确的认识，热情好客，以积极的态度迎接游客，使游客有一种宾至如归的亲切感受，则对文化旅游资源开发和发展旅游业有积极的作用。

③旅游经济环境。旅游经济环境指能够满足开展旅游活动的一切外部经济条件，包括交通、水电、邮电通信、各种档次的食宿服务和其他旅游接待设施。由于不少文化旅游资源位于偏僻山区，交通条件往往成为旅游资源开发的一个限制性因素，直接影响游客的可进入性；水电等基本生活需要如果不能保障，便直接影响着旅游接待条件；邮电通信对于出门在外的游客，无论是家庭还是公务联络都颇为重要；各种食宿和旅游接待设施及服务质量同样影响文化旅游资源的开发和旅游的经济效益。

④旅游环境容量。旅游环境容量指在一定时间内，调查区的文化旅游资源及自然、社会、经济环境在不影响旅游活动和旅游业持续发展的基础上，所能容纳游客的限定数量。超出这个数量，旅游活动就会受到影响，旅游资源及其环境就会受到破坏。旅游环境容量具体又可细分为旅游资源容量、旅游自然环境容量、旅游社会环境容量、旅游经济环境容量等。

（3）旅游资源开发潜力的评价

①文化旅游资源的开发现状。对开发现状的正确认识，是发现存在问题的前提。通过各种方法和渠道了解文化旅游资源的开发角度、利用程度、客源状况、效益情况等，从而发现亟待纠正的不足之处。评价时应注意总结开发过程中的成功经验和失败教训，为下一步的开发提供具有建设性的意见。

②文化旅游资源的开发潜力评估。要想评估文化旅游资源的最大潜力，首先，要预测资源在理想状态下的开发效果。其次，拿目前状况与理想状况对比，找出差距。最后，分析出现目前差距的原因。若是由于开发角度、开发方式等软件欠缺造成，改进效果将会有显著提高；若是由于资源被盲目开发已遭破坏等无以补救造成，则改进效果不会大，开发潜力也有限。

（4）旅游资源开发条件的评价

①区位条件。区位条件包括旅游资源所在地区的地理位置、交通条件及与周

围旅游区的关系。世界上许多旅游点（区）因其特殊地理位置而增强了吸引力，如位于经度和时间起点的英国格林尼治天文台、赤道上的厄瓜多尔的加拉加利镇，位于北半球极昼极夜起点的瑞典斯德哥尔摩等地都是世界旅游热点地。文化旅游资源区的交通区位条件也决定了开发的难易程度。文化旅游资源区周围若有名山、名湖、名寺、名阁、名城等旅游热点，则有利于旅游资源的连片和成规模的开发。

②客源条件。游人数量是和经济效益直接挂钩的，没有一定量的游客则旅游资源的开发不会产生良好的效益。客源条件有个时空问题：在时间上，客源的不均匀分布形成旅游的淡旺季，这与当地气候季节变化有一定关系，如洛阳的牡丹花节闻名中外，但牡丹花的生长规律决定了它一年一度的旅游旺季；在空间上，客源分布的半径范围及其密度由旅游资源的吸引力和社会经济环境决定，特色强、成规模、社会和经济等环境好的文化旅游资源，客源范围和数量都极为可观，相应的经济效益也好。

③旅游投资条件。文化旅游资源的开发需要大量的资金，需要吸引国内外的投资。资源的品位、社会经济环境、经济发展战略和给予投资者的优惠政策等因素，都直接影响投资者的决策。为此，有必要研究寻找既使旅游资源地有实惠，又能给予投资者较大优惠的良策，以发挥文化旅游资源的综合开发效益。

④施工条件。确定文化旅游资源开发项目应该考虑其工程量的大小与难易程度。首先，是工程建设的自然基础条件，如地质地貌、水文气候等条件；其次，是工程建设供应条件，包括设备建材、食品等。对开发施工方案须进行充分的技术论证，同时要考虑经费、时间的投入与效益的关系，以确定合理的施工方案。

（五）开发规划原则

文化旅游开发是为了最大限度地、科学合理地利用现有文化资源，在开发规划过程中应遵循以下原则：

第一，强调文化内涵。文化旅游开发注重旅游者的精神享受，在规划过程中要做"文化"文章。全面翔实地搜集关于文化旅游资源的文化背景、历史渊源、民间传说、神话故事、风土人情、文物特产等资料是规划工作的第一步。设计活动项目既要有文化口味，又要易于人们接受并参与，同时又要避免一味迎合大众心理而落入低级俗套。

第二，突出主题形象。对文化旅游资源开发的初衷是通过提供各种产品和服务来突出资源的某种特色，特色是资源吸引旅客的灵魂和动力。我们把文化旅游资源从旅游资源中挑选出来分门别类，同类资源在规划中也要有自身的特色，不能千篇一律。如同为道教名山，武当山的开发以真武大帝飞升为文化背景，泰山的开发则以帝王在此祭祀玉皇大帝为背景；各自的殿堂命名依据、景点开发方式都不尽相同；各自通过不同的建筑风格、节庆事件来塑造和突出主题形象。

第三，注重美学效果。旅游是一个让人感受美的过程，无论是欣赏山光水色的秀丽，还是领略历史文化的魅力，都是如此，在文化旅游开发规划中必须突出"美"字。任何人工建筑物的体量、造型、风格、色彩都应与相应的自然环境与旅游气氛融为一体，使自然美与人工美协调统一，体现文化旅游资源的时空结构特色，合理发挥资源的节奏韵律。

第四，结合市场需求。开发文化旅游要引导人们从不同角度欣赏旅游文化，但决不鼓励"孤芳自赏"，而要善于吸引人们积极参与到活动中来。开发的最终目的是求得效益，包括经济、社会和生态三方面协调一致的综合效益。规划时要调查市场需求，开发出受市场欢迎、适销对路的旅游产品。在发挥经济效益的同时，也要注意社会效益和生态环境的保护及建设，从而使旅游业真正能够持续、协调地发展。

第五，加强资源保护。文化旅游资源属于人类的历史文化遗产，极为珍贵，一旦被破坏，便不可能再恢复。如某城市为修建道路，将西汉年代留下的一段古城墙拆毁，事件发生之后受到各方面的痛斥，待意识到破坏的严重性而要挽回时，为时已晚，不能失而复得，后悔莫及。文化旅游资源被破坏后，其魅力也随之消失，无形的损失更为惨重。体现在行为上时，不仅要保护现行资源，而且还要将保护工作思想渗透到规划工作中去，确定保护类型和级别，并采取有效措施，使保护真正落到实处。

第二节　可持续开发的文化旅游

一、可持续发展与文化旅游开发的关系

文化旅游以旅游文化为消费产品，是对有形的景观与无形的精神进行审美的同时获得享受的旅游活动。这类旅游资源是否得以充分开发以及能否长久保存，取决于开发者是否具有可持续发展思想。我们既要充分挖掘旅游文化资源的潜力，开发出个性化产品，又要合理利用资源，以免破坏环境，改变历史风貌；既要满足当代人文化旅游的需求，又不能阻碍后代人满足自身旅游需要能力的发展。

（一）文化旅游可持续开发的必要性

旅游活动的发展趋势是由观光游览型向知识度假型转变，于是开发文化旅游应运而生，拥有广阔的市场前景。过去的粗放式经营正在被现在的可持续利用所替代，可持续开发带来的作用表现为如下两个方面：

1. 保护并发展民族特色文化

旅游活动的开展，使东道主地区一些已被人们遗忘了的传统风俗与文化活动得以开发和恢复，传统的手工艺品、音乐、舞蹈、戏剧、体育等得以重视和发掘，长期濒临湮灭的历史建筑得到了维护和管理等。这些文化遗产重获新生，作为当地独有的文化资源，它不仅吸引外地游客前来旅游，增加了当地收入，而且弘扬了当地的民族文化。

但这种"重生"并非有利无弊的，有些旅游胜地尝到了旅游作为一种低投入、高产出行业的甜头之后，开始无限度利用旅游资源。许多民俗活动成了为接待旅游者而随时均可搬上"舞台"的商品，很多粗制滥造的工艺纪念品充斥于市，对文化旅游资源任意修建，而破坏了原有的价值。种种行为产生的恶果促使我们反省，并力求找到解决办法。

可持续开发是在合理利用文化资源、不超过其承载力的前提下，对旅游目的地的民族地方特色充分挖掘，进行旅游包装后推向市场。这种开发方式既保留本色又吸引游客，既产生经济效益又产生社会效益。如湖北省开发鄂西南土家风情游，把土家儿女的歌舞、婚俗等地方特色风俗设计成参与性节目，邀请游客亲身感受，力求尊重民俗，避免低级趣味，形式多种多样，保证纪念品质量。试想当客人跳完土家摆手舞、吃过风味烤羊肉、"娶了土家新娘"、获赠土家香袋之余，他一定会对土家风情念念不忘，土家民族文化也由此可得到广泛传播。

2. 缓解旅游目的地居民压力

在粗放式状态下，经营旅游业务的特点是一哄而上，结果造成热线更热、冷线更冷的局面。某些地方资源丰富，无奈开发力度不够，辅助设施也跟不上，无人问津；某些地方小有名气，又有旅游商加以炒作，游客爆满，出现瓶颈效应。旅游者增多也许对许多地区来说是好事：有了流动人口，也就有了消费市场，能带动当地经济的发展，这个道理没错，而且正因为如此，旅游业才能跃升为许多发展中国家的支柱产业。但是，许多旅游目的地居民还没来得及从发展旅游业带来的甜头中清醒过来，就已经感受到过多旅游者的侵入给自己的生活带来的压力：消费市场的繁荣带来的负面影响是物价上涨；旅游者带来的新鲜观念正冲击着老祖宗传下来的思想；人们都放弃农业从事旅游业，当地形成泡沫经济……这种状况怎么办？坚持可持续开发可以解决这些问题。

开发文化旅游的过程中，精选主题，合理组合，以热点带动冷门；行业部门加以调控，创造新的开发热点，既有效保护文化旅游资源，又可缓解旅游目的地居民的压力。

(二) 文化旅游的可持续开发原则

从可持续开发这个角度来看，我们应注意的问题是文化旅游产品生命周期的延续及其与环境的协调发展。

1. 把握正确的文化导向

开发某一文化资源的首要步骤，应先对所在区域的文化进行研究，这一目的是正确把握资源所处的区域，避免因发展旅游业而盲目翻新原有景观。增添许多新设施，本想增色，结果却适得其反，使景观失去文化氛围，从而使确定下来的文化主题开发与环境无法协调。某些地区曾出现过为彰显历史遗迹本色，却变得不伦不类的情况。

开发资源的目的，主要是为了满足各方面的需求，同时还要在开发过程中对文化主题进行正确定位并发扬光大，使其在原有基础上变得越来越好，而非越来越糟。这种发展趋势才能使开发出的产品一直为人们所认可，利及子孙后代。

2. 开发多样化文化旅游产品

依据不同文化内涵开发出带有创新性的产品，以满足不同需求，这样做不仅可以充分地利用各种资源，而且可以减小产品的脆弱性。例如，近年来开发都市旅游、乡村旅游、观足球赛之旅等形式就是以人们感兴趣的文化内容为主线组织的旅游线路；再如，世界之窗、锦绣中华、三峡缩微景观等旅游点，也是依据文化特色和人们求全的心理兴趣开发的景点，等等。这些新型旅游点的出现及成功的例子告诉我们，文化旅游的市场潜力无限，只要开发角度新颖、形式多样、内容健康，充分挖掘独特的民族文化精髓，可供利用的资源将会取之不尽、用之不竭。

3. 注重民俗文化和科学知识的有机结合

这里谈的并非以现代设施取代传统项目，而是取传统和现代之精华，去其糟粕，并加以完善，结果应是向更有品位、更易让人欣赏的方向发展，而非使景观特色损失殆尽。目前有些文化旅游资源开发状况不尽如人意，许多宗教旅游地上山之后一路只是朝拜之所，到处烧香拜佛求神，让游客感到单调乏味；还有些旅游景区内三步一个半仙、五步一个神算，一味宣扬迷信思想。类似这样的做法，夸大了民族文化中的糟粕部分，最终将旅游气氛闹得乌烟瘴气。

可持续开发过程中强调生命周期的长久，若不注意产品宣扬的内容，过于愚昧迷信，会使游客感到可笑从而失去市场。不仅如此，我们在开发中还要充分利用现代化科技手段帮助实现文化的精神，如游览电影院时当场为游客拍摄电影片段，既让其充分领略当演员的滋味，同时又了解了拍电影的技巧，使游客兴致高涨。科学知识应用于文化旅游开发中将为游程增添无穷的趣味，使旅游开发更上一个层次，也使旅游资源的生命力更为顽强。

4. 不超越旅游资源的环境承载力

开发文化旅游资源时，在注重经济效益的同时也要兼顾环境承载力。对开发过程中有无污染、是否会带来负面文化冲击、是否越过景物自身的承载能力等问题应调研清楚并妥善解决，这是延长资源寿命很重要的方面。

5. 提高旅游从业人员素质

俗话说，"看景不如听景"，一位好的导游人员对游客充分领略景物的意境起着至关重要的作用，文化旅游资源的欣赏更是需要导游人员的引导。实际旅游中，尤其是旺季，许多不称职的导游人员的主要工作是带客购物，而游览却成了附属产物，这个问题造成许多旅游者不愿随团旅行。长此以往，旅游企业的前景可想而知。开发文化旅游中硬件建设固然很重要，但软件建设即旅游从业人员的素质教育、培训也是不容忽视的。业务过硬、敬岗爱业的旅游人员才会充满激情地将景物的美、文化的精髓传递给旅游者，使其领略到旅游的美好，从而信任旅游企业。

6. 加强旅游市场管理

粗放式的经营使每个企业都只顾自身的短期利益，可持续发展则是在与环境和谐相处的背景下合理利用资源。实现文化旅游可持续开发不是一个单位、一个企业能做好的事情，它需要有一个规范经营和正当竞争的旅游市场环境。在这种环境里，旅游企业都具备可持续发展思想，不盲目开发、随意破坏环境，能从长远角度选择开发方向；旅游行业管理部门要调研旅游信息，对旅游市场发展趋势进行预测，为旅游企业的开发、经营工作做好后勤。各旅游单位致力于整体开发当地"特产"、有计划地宣传并组织出外旅游，使旅游市场做到淡季不淡，使资源开发真正适应市场的需要。

二、可持续发展文化旅游的创造性开发

（一）创造性开发概述

1. 文化旅游的创造性开发的内涵

当今社会是一个不断发展、不断创新的社会，作为一种新兴产业，旅游业更是以日新月异的姿态备受世人瞩目。从最初原始的游览活动，例如商人之间进行贸易往来而产生的离开居住地、去别的地方时的简单游历等，到今天由旅游中间商组织的有计划、有目的，融吃、住、行、游、购、娱为一体的综合性休闲活动，全部经历了创新的过程。

文化旅游是旅游发展到一定阶段的产物，而文化旅游的创造性开发也是文化旅游开发发展到一定阶段的产物。

具体来讲，文化旅游的创造性开发指在对原有文化进行了一定程度的开发利用后，引入新的文化载体，或在原有文化的基础上，揭示出新的文化内涵，从而进行创造性的旅游开发。它是可持续发展在文化旅游中的具体体现。

首先，文化旅游的创造性开发属于文化旅游开发的范畴，它是文化旅游发展到一定阶段的产物。

与文化旅游的传统开发一样，文化旅游的创造性开发也同样要在文化上下功夫，需要依托一定的文化内涵，借助一定的文化背景。它只是文化旅游在进行了第一步传统开发后，在逐步发展和进步中进行的第二步再开发。例如，将故宫开发建设成一个旅游景点，加工成一项旅游产品，这就是对故宫的建筑文化和历史文化进行的第一步传统开发。而在深圳的锦绣中华主题公园中，故宫的微缩景观被建设出来并展现在游人面前，成为这一主题公园中的一个景点。事实上，"锦绣中华"建成之前，在深圳并没有故宫，也没有故宫建筑所体现出的种种文化，但"锦绣中华"建成之后，这里的故宫景点却和北京的故宫一样，也体现了故宫的建筑文化和历史文化。可以说，这就是对这种文化的创造性开发。

其次，文化旅游的创造性开发，在内容上是指开发过程中对文化的创造性开发，而这种创造包括以下三个方面的内涵：

（1）文化的再开发

文化的再开发是指这种文化现象或它的某些载体已存在，还可以为旅游业所利用，曾经过传统的文化旅游开发，但由于旅游发展的需要，要在原来开发的基础上进行创新，开发成为全新的旅游产品。

对于那些现存并且已经被初步开发过的文化旅游资源，它的再开发可以通过文化的组合、整体文化形象的塑造等一系列手段来完成。一些著名旅游景点举办的旅游文化节就属于这种类型的文化创造性开发，如武汉古琴台所举办的知音文化节。知音文化其实已经被初步开发，其旅游载体就是仿古园林——古琴台，而"知音文化节"就是在这个基础上进行新的文化组合，开发新的旅游项目。而整个武汉市作为楚文化的集中体现地、白云黄鹤的故乡，在进行武汉市旅游文化开发时，就可以围绕楚文化做文章，建立武汉的整体旅游形象，这就是对武汉市楚文化内涵的再开发，从而进行整体文化形象的塑造。

（2）文化的引入

文化的引入是指一个地区并不存在某种文化的印记，但别的地区却有这种文化，在本地区进行文化旅游开发时，为开创出新的文化旅游产品而从别的地区引入这种文化，并加入本地区特色，进行重新开发、重新设计，赋予它新的内涵，成为本地区新的文化旅游项目。

由于地域文化差异，每个地方都有它独特的文化内涵。例如，由于东西方文化差异，东方园林就是东方所特有的，它与西方园林就有很大差异。至于客观存在的一些文化载体，更是独一无二、无可替代的。例如，世界上永远都只有一个真正的美国白宫，其他的仿造、微缩都没有它特定的政治意义和历史价值及文化内涵。然而，由于世界上信息的传播和文化的交流，人类渴望生活的多元化和文化的多元化，这一点给旅游业提出了一个新的思路：引入他人的文化，再加以组合、创新，从而开发出新的旅游产品。很多微缩景观的主题公园就属于这种类型的文化的创造性开发。北京的世界公园、深圳的世界之窗等，都建造了很多西方建筑和国外著名景点，它们就是引入了国外的一些文化为自己所利用，创造出新的文化景观。

（3）文化的创造

文化的创造是指在进行文化旅游开发时，创造出全新的文化内涵，也可以把原本虚拟存在的文化或并没有被旅游业所利用的文化现实化、旅游化，从而进行新的文化的创造性旅游开发。

人类社会是在不断进步的，社会文化也是在不断更新、不断发展的。随着社会的进步、科学的发展、文化的逐步更新，大家对文化旅游的要求也在逐步提高，这就需要旅游从业者开创新的思维、开启新的思路，进行文化旅游的创造性开发。高科技运用于旅游业已经逐步成为一个新潮，并越来越受人瞩目。

同样，一些原来只是虚拟存在的文化内涵也能够运用科学技术把它们展现在游客面前，成为新的旅游时尚。例如，美国的迪士尼乐园就是将童话中并不存在的人物和故事加入旅游开发中，成为别树一帜的童话旅游世界。

而许多并未被旅游业所利用、表面上看来与旅游业并无关系且不具备旅游价值的一些事件和文化载体，经过旅游从业者的设计开发，同样也可以成为新的旅游项目，产生新的经济效益、社会效益和环境效益。例如，地震旅游就是一种创造性旅游开发，它作为一种高层次的科学旅游活动，日渐引起人们的兴趣。我国是多地震的国家，在漫长的历史中，不但积累了丰富的地震史料，而且保留了大量的地震景观，具有举世罕见的地震旅游资源。近年来，唐山地震遗址、西昌地震碑林、琼州海底村庄地震遗址等，都吸引了大批游客。

再者，文化旅游的创造性开发与文化旅游的传统开发的基本区别是创新。实际上，这种创新既包括内容上对文化的创新，又包括开发角度、开发方式等形式上的创新。

旅游业发展至今，旅游形式一直在向多元化趋势发展。从传统单一的观光游览到今天各种各样、丰富多彩的体验旅游、消闲旅游等，旅游方式的多样化及创新性正是旅游发展的一个重要趋势。文化旅游开发方式的转变也同样会带来文化旅游产品的更新，同样也是一种文化旅游的创造性开发。

2. 文化旅游的创造性开发的功能

一是文化旅游的传统开发的延续和发展。我们说过，文化旅游的创造性开发的内涵就属于文化旅游开发的范畴，只是在这里我们将文化旅游的开发分成先后两个阶段，即文化旅游的传统性开发阶段和文化旅游的创造性开发阶段。由此看来，文化旅游的创造性开发正是在传统性开发到了一定阶段，需要进行补充和完善时所进行的进一步开发，它是由文化旅游发展的需要所决定的。

二是有效延长文化旅游产品生命周期的重要途径。在对文化进行旅游开发时，旅游资源可看作是被开发的这种文化的载体。旅游资源有不可再生性，同样，作为文化也有其一定的生命周期，那些最基本的文化旅游开发产品在市场上必将经历从进入期到生长期、成熟期，乃至最后被市场淘汰的过程。然而，并非所有的文化都会随着社会的发展而消亡，有些甚至像醇酒一般越陈越浓，但是如果只停留在最初的文化旅游开发上，它作为旅游产品则必然会从繁盛走向淘汰，我们只有在其发展过程中不断进行新的创造，使它能以各种新的面貌出现在游客面前，才能有效延长其生命周期，使这种文化产品尽可能地被旅游业所利用。

三是文化旅游产品改颜换貌、吸引新客源的重要方式。有些文化旅游产品通过了创造性开发后，就会用全新的面貌出现在旅游者面前，所以必将吸引一批新的旅游者，开辟新的客源市场。而且，文化旅游的创造性开发实现了时间和空间上的转移，使游客们可以跨越时空来进行旅游，从而也吸引了一批新的客源。例如，埃及金字塔原本的客源市场是许多来自五湖四海的游客，然而在我国有许多游客因为受到经济条件的制约而不能出国旅游，从而不可能成为埃及金字塔的游客。如今，在北京的世界公园、深圳的世界之窗都修建了仿埃及金字塔的景点，这也正是对这一文化产物的创造性开发，它将开辟一个新的客源市场，即那些因条件所限而无法进行出国旅游的中国游客，让他们不出国门也能领略金字塔令人神往的独特风采。

四是在进行宏观调控时新的投资领域会成为新的经济增长点。进行一项新的建设和开发必然要引入新的投资，也必然因此而产生新的经济效益，成为新的经济增长点，这是衡量某一新的文化旅游创造性开发方案是否可行的最基本的条件。所以，一项成功周密的文化旅游的创造性开发计划将会吸引大批投资者纷纷进入，并极有可能成为开发热点，带来新的旅游经济增长。

（二）创造性开发思路

1. 文化旅游的创造性开发应遵循的原则

（1）鲜明特色开发，突出"中国味"

旅游业是一项既要有严格规范又要有特别创新的行业，所以发展自己的特色，系发展旅游业的生命。我国是一个历史悠久、地域广袤、民族众多的国家，这是我们取之不尽的旅游资源。发展中国特色，突出"中国味"，这是中国旅游的根本。众所周知，"越是民族的越是世界的"，这句至理名言适用于整个旅游业。在进行文化旅游的创造性开发时也同样如此。

突出"中国特色""中国味"不外乎三个方面：一是"民族特色"；二是"地方特色"；三是"历史特色"。我国与世界各国相比较，在这些方面都有绝对明显的优势。以"民族特色"优势而论，我国除汉族以外，还有55个少数民族，每一个民族都有自己的民族特色文化产品。如中国独有的戏曲，除汉族的京剧、昆剧等以外，藏族有藏戏、壮族有壮剧、傣族有傣剧、白族有白剧、侗族有侗戏等，异彩纷呈；至于民族歌舞，更是各有所长，几乎每个民族都有自己的代表作，如朝鲜族的长鼓舞、扇舞，傣族的孔雀舞、芦笙舞，彝族的锅庄舞等，不胜枚举。以"地方特色"优势而论，我国国土广袤，地理条件复杂，因而形成了各地区不同的地方特色。如中国戏曲除有众多的民族戏曲品种以外，还有更多的地方风味戏曲，几乎每个省至少有一品种以省名简称命名的地方戏曲，有的省甚至有四五个品种，著名的如浙江的越剧、绍剧，安徽的黄梅戏等，已从地方走向全国。中国独有的曲艺更有明显的地方性，如东北的二人转、北京的相声、苏州的评弹、山东的数来宝、上海的独角戏、凤阳的花鼓等，品种繁多。以"历史优势"而论，我国是世界文明古国之一，历史特色，历史文化光辉灿烂，这早已举世公认。从文化资源的角度来讲，近年来开发的一些古乐曲及古代舞蹈，无不受到中外观众的一致好评。同样，在进行文化旅游的创造性开发时也应如此，所创造出来的新的文化旅游产品不但要有独特的创意和风味，而且更要体现出我们民族的特色，体现出"中国味"。

（2）高品位开发，雅俗共赏

这里所说的高品位开发，是指要注意"品位"的定位问题。很多地方请专家学者进行创意设计项目，其中不乏杰作，但也有不少失败的作品。其通病就是过于高雅，设计出的项目知识性太强，娱乐性、观赏性不足，"曲高和寡"，市场面太窄。旅游项目经济效益是第一位的，能否获得经济效益是衡量一个文化旅游的创造性开发是否可行的最基本标准。而要获得可观的经济效益，就必须有足够的市场规模。规模太小导致投资回收期拖长，或根本收支不抵，再高雅的旅游项目也没有生命力。同时，有些地方非专业人员自己的创意设计的项目中，有些太庸俗，文化韵味不足，不能满足游客求新、求奇、求特的心理需求，最终也必然导致亏损。

综上所述，文化旅游在进行创造性开发时，在其项目创意的品位上应该雅俗共赏，迎合大多数人的需要，同时也要适当超前，引导游客的欣赏水平逐步提高，刺激其潜在的需求。只有这样，才能在创造和进步的基础上，以良好的社会效益来谋求更长久的经济效益。

（3）高科技引导，重在求新

从某种程度上讲，人类社会的发展史系一部科技史。从农业革命到工业革命乃至现在正在进行的生态革命，人类创造了一个又一个科技的飞跃，现代化高科技也以其崭新的、充满活力的面貌给人类生活带来了难以想象的奇迹。旅游业这个年轻的行业也自然离不开科技的支持，同时也欢迎科技的加盟，给旅游业创造新的活力。科学是人类认识世界的手段，技术是人类建设世界的手段，人类社会的一切发展都离不开科学技术的帮助，而在文化旅游的创造性开发中，科学技术更扮演了一个特殊的角色，起着不可忽视的作用。

首先，科学技术本身就属于一种创新的文化概念，它是人类现代化发展带来的全新的文化观念。在传统的开发理论中，大多认为科技只是一种旅游开发的工具和手段，它是文化旅游开发的一个好助手。然而，随着人们对旅游的需求日益多元化，需要为文化旅游补充新的内容，增加新的血液，而科技这一全新的文化概念便自然地被吸收进来，同时开创了一种全新的旅游时尚。科技的内容很广泛，而只要开发得当，设计合理，几乎所有的科技观念、科技手段乃至科技新发现、科技设想都可以为文化旅游所利用。其中最受人瞩目的当数太空游了。由此可见，是科技将旅游搬到了太空，开创了旅游的新世纪。同时，就像太空游一样，科技游也必将越来越受到旅游者和旅游从业者的共同关注。

其次，科学技术是实现旅游可持续发展的决定性因素。伴随旅游业的发展，资源枯竭、环境污染等众多的社会问题与环境问题逐渐摆在人们的面前，在这种时候，人们必须寻找一条旅游可持续发展之路，而实现这一发展的关键还是科学技术。这里需要强调的是，文化旅游的创造性发展本就是文化旅游可持续发展的方向和方式，而科学技术是实现这一发展的工具和手段，二者相辅相成，密切关联。

（4）多形式旅游，满足愉悦

对大多数旅游者来说，旅游属于一种消遣性的活动，以愉悦身心为目的。旅游这一愉悦身心的特性在所有旅游品种上都应予以体现，文化旅游当然也不例外。传统的文化旅游开发因为受到技术和观念的制约，以观光文化为主要形式。而随着旅游业的发展、旅游者旅游需求的提高，在进行旅游文化创造性开发时就应改变这一现状。不但要使旅游者在简单的观光中领略文化的内涵，而且更要让他们在丰富多彩的旅游项目、旅游品种里感受文化，从而满足他们求新、求知、求奇、求趣、愉悦身心的旅游目的。凡是充分体现了这一特性的文化旅游产品的创造性开发，便是一项成功的开发。

（5）长远眼光看发展，注重可持续性

文化旅游的创造性开发其实是旅游可持续发展在文化旅游中的具体运用，在进行文化旅游创造性开发时，也要以可持续发展作为一个基本理论和指导方针，用长远的眼光看问题、看发展。这一点具体到开发中，就是要有环保意识和忧患意识。

2. 文化旅游的创造性开发步骤

（1）分析目前市场

作为文化旅游的创造性开发，顾名思义，首先就是要有创新的思路、独创的建议和好的点子。这就需要旅游从业者集思广益，开动脑筋，出新点子，出好创意。要做到这一点，首先要对目前的文化旅游市场状况有全面的了解，对那些现存的文化旅游项目和产品的开发现状和开发潜力做系统的分析。在这里，可以运用多种方法进行分析，其中包括定性的方法和定量的方法。进行这种分析主要是要摸清以下两个方面的现状：

①本地区文化旅游资源优势。主要是依据本地区所处地理位置、地方历史沿革、风土人情、民族状况等因素来考虑一个地方的文化特色和确定文化旅游开发的文化优势。例如，北京是我国十大古都之一，作为明清两代的都城所在，其开发历史文化的优势显而易见，加上故宫、颐和园、天坛等著名古代宫廷建筑群，可以看出开发建筑文化也同样很有优势。而云南西双版纳州就不同了，少数民族众多、风光秀丽、动植物物种丰富等，都决定了它应把民族文化作为一大特色进

行开发。

②本地区文化旅游开发现状。这一点就是整个调查分析的核心部分了，主要是要由此推断出：还有哪些游客感兴趣的文化资源未被开发，可以考虑将它进行文化旅游的创造性开发；已经被开发了但开发不完善的文化旅游产品存在哪些漏洞，需要在哪些方面予以补充和完善，是进行内容上的扩充和创造还是进行形式上的补充和创意；那些开发了的文化旅游项目，哪些已经开发完全并即将达到市场饱和，必须在内容上或形式上加入新的创意和点子，进行创造性开发；还有哪些已经面临淘汰的过时文化旅游产品，必须放弃开发建设。

（2）确定创造思路

明确创造的方向也就是明确这一创造是重在对内容的创造还是重在对形式的创造，或是二者双管齐下，共同创造。如果是对内容进行创造开发，是按哪种方式进行创造，具体对什么文化进行创造；而如果对形式进行创造，则以哪种形式作为创造方向，或者再创意出哪些全新的文化旅游形式。这些可以从两个方面进行评判：

首先，根据上一步所分析出来的结果，查找当地文化旅游资源开发的优势和开发的漏洞，以及开发的潜力。

根据优势进行开发创造，这一点是旅游开发的一个基本要求。同样，进行文化旅游创造性开发时也不能忽视这一点。

根据存在的漏洞和开发潜力有的放矢进行开发创造。在第一步的调查分析中，我们就对目前开发的漏洞和潜力进行了统计。首先，现在就可以运用这些研究结果，明确需要补充完善和创新的地方，有的放矢进行创造性开发。例如，有些文化开发项目有可能是内容上已经全面开发，但形式单一，只开发了简单的、传统的观光型文化旅游项目，这时就需要对其形式进行改造创新，根据它自身的特点，尽量开发出新的文化旅游形式，如举办一些旅游节庆活动、开展一些参与娱乐型的文化体验旅游等。另外，对有些文化旅游项目已经进行了较为完善的开发，但有可能在某一方面还存在较大的开发潜力，在对其进行创造性开发时，就要挖掘潜力，进行开发。

其次，对游客进行问卷调查，认清人们的旅游动向和他们所关注的文化动态，由此推断出最新的文化时尚，根据这种文化时尚，挖掘出文化的旅游内涵，使之为旅游业所用，带来新的文化旅游时尚。社会在发展，文化也在发展，各行各业、各个地方都会产生新的文化，并有可能成为人们关注的焦点和时尚。旅游从业者需要有一定的时尚敏感度，努力将社会上的文化焦点和热点也创造到旅游中来，成为文化旅游新时尚。

3. 明确开发可行

即对即将开发的项目进行可行性分析。在考虑对某一开发进行投资行为时，对项目的可行性分析可谓是投资成功与否的第一关。

4. 正式规划开发

如何将一个文化旅游的开发创意进行系统化并着手开发，这需要我们的项目策划人撰写出详细的项目开发说明书，并依此进行文化旅游的创造性开发。

至此，我们对文化旅游的创造性开发进行了一定的阐述可以说，对文化旅游进行创造性开发就是对文化旅游的持续性开发，这是旅游可持续发展理论在文化旅游开发思路中的具体体现，它是文化旅游可持续发展理论的具体实施。

第三节 文化旅游的开发与规划

一、历史文化旅游的开发

历史文化旅游作为文化旅游中的一个专题类型，自有其特定的文化内涵。它是以人类社会历史变迁而留下的物质和精神文化遗产为依托，旅游者通过历史回顾和艺术审美，得到精神和文化享受的一种旅游活动。它外在表现为人的体验和游览活动，内在本质却是历史和现实的结合以及古今文化的交流。它必须以可靠的历史文化基础为背景，以历史文化的互动为结果进行开发，否则一味简单搬用历史材料或凭空臆造，历史文化旅游就会蜕变为纯粹的"耳目之娱"，失去其恒久发展为文化源泉的意义。

（一）历史文化旅游

1. 历史文化旅游的概念

对于这个概念，需着重把握以下两点：

第一，它是以历史遗迹和遗物作为旅游吸引物。其中历史遗迹类包括古人类遗址、古都、古战场遗址、近现代重要史迹和古代陵墓；历史遗物主要指各种古代文物。中国作为四大文明古国之一，历史文化旅游资源十分丰富。从"人猿揖别"的那天开始，我们的先祖就在这块土地上生存、繁衍、劳动、奋斗，中华民族的历史也由此展开，未曾出现断层，各类化石、陶器、瓷器、石器、玉器、饰品、艺术品、铭刻和货币展示着中国文化的不断延续和独特魅力。

第二，历史文化旅游的过程就是旅游者对历史遗存的文化内涵进行深入体验的过程，其结果是给人一种超然的文化享受，使人从中得到灵性陶冶、历史启迪，实现心与心的对话以及与异质文化超时空的交流，这也是其主要功能。

2. 历史文化旅游的类型

历史文化旅游作为一种特定内涵，就其涉及的历史文化范畴，可分为物态历史文化游、动态历史文化游和心态历史文化游。

（1）物态历史文化游

物态历史文化游指以物质型的历史文化资源，如以万里长城、秦始皇兵马俑、历史古都、城墙古堡、文物珍玩等的游览、观赏为主。它借助这种看得见、摸得着、极具欣赏价值的静态物品来展现一时一地的历史风貌和文化背景。

（2）动态历史文化游

即通过旅游组织者的安排，穿针引线，使旅客参与或半参与，从而进入特定的历史文化氛围，并得到心理愉悦和文化陶冶。

（3）心态历史文化游

心态历史文化游是指将一个民族、一个地区、一个人的价值观念、思想体系、意识形态、心理结构、性格趋向、思维方式等不绝于书的历史文化心态积极挖掘出来，加以包装和开发，推向旅游市场。它对历史文化旅游的开发有着不可替代的指导性作用。

从旅游产品开发的程度而言，历史文化旅游可分为认识型、认同型和交流型三个层次。

①认识型历史文化游。其主旨在于展现一时一地的历史文化传统。游客以陈列式观光游览为主，进而领略、认识并了解旅游地的文化前景。这是历史文化旅游的基础层次。

②认同型历史文化旅游。是指在进行旅游产品的设计时，倡导优秀的历史文化传统，通过历史文化内涵的动态展示寓教于游，使游客从中得到心灵的陶冶和精神的提升。如湖北省博物馆推出的编钟演奏，在优雅的古乐中游客对博大精深的文化渐生认同之感。这是历史文化旅游开发的提高层次。

③交流型历史文化旅游。是以参与式娱乐为主，让游客亲身体验历史文化背景，达到文化交流的目的。如山东曲阜推出"孔子家乡修学旅游"，让今人披上阔袍大袖的古代学士服，头戴方形"卜帽"，手摇折扇，学习孔子所倡导的六艺——礼、乐、射、御、书、数的体验项目，受到海外游客的普遍欢迎。外国人在旅游过程中领略了中国古代礼仪和私塾制度，最终实现了文化的交流。

（4）历史文化旅游的特色

历史文化旅游的文化定位就在于挖掘旅游资源的历史价值，弘扬优秀的历史文化传统。所以在其产品开发规划中必须围绕此文化定位，便可显示历史文化旅游主体形象的独特之处，若模仿雷同、滥抄翻版只会导致其生命萎缩，破坏文化形象。历史文化旅游的特色主要体现在以下五点：

①地域性。地理环境的不同往往为历史文化发展提供多种可能性。历史文化旅游的开发应以本地资源为依托，不走猎奇、拼盘的套路，使旅游产品体现出当地特色。我国历史文化旅游区可大体分为燕赵、秦晋、齐鲁、荆楚、吴越、巴蜀等多个典型地域旅游区。

②民族性。历史文化旅游实际上是跨越民族文化的过程。一个民族的历史包含着物质、精神、制度等文化因素，与其他民族的历史文化体现出异质性，在旅游中发挥独特的魅力。

③艺术性。历史文化旅游是一项品位极高的艺术审美活动，历史文化伴随着人类社会变迁、前进和发展而历久承传，不仅具有历史价值，而且同时也是古老

的文化遗产。如甲骨文、金文和帛书上的篆文，如果仅从历史价值角度去开发，可能只有古文字学家和历史学家感兴趣，若能挖掘出其书法艺术价值，即甲骨文的质朴淳厚、金文的刚健冷峻、篆文的行云流水就可以吸引不少书法爱好者和那些希望提高艺术品位的旅游者的眼球。

④互动性。历史文化旅游是异域异质文化相互碰撞的过程，它是历史文化传播的重要途径。旅游者从中达到对异域异民族异种族历史文化的认知、认同，然后在了解、理解的基础上汲取旅游地的优秀文化内核。另外，旅游者亦不可避免地给旅游资源地带来新的思想观念和行为方式，从而达到文化互补交融。

⑤时空的混融性。历史是过去的现实，而现实是正在发生的历史。历史文化旅游最独特的魅力即在于它能将过去和现实、时间和空间有机交融在一起。游客在现实的旅游活动中感受历史氛围，体验那种"古"的意境，或幽远，或沧桑。

（二）历史文化旅游开发规划

1. 开发原则

历史文化旅游开发是指充满现代意识的开发主体对逝去的历史这种特殊客体进行的解剖、分析、筛选、吸收、点染和创造性的更新构建，通过历史文化资源开发对历史文化进行继承、延续、升华和再创造。

历史文化旅游的开发与规划应在充分考虑到市场经营原则的基础上，注重历史文化底蕴的回归，突出体现旅游资源与历史文化的结合。现代旅游给予旅游消费者的不仅仅是旅游服务，而且是提供突破传统形态上的更丰富的精神享受，历史文化旅游正是将无形的历史文化资源展现在现实旅游中。在历史文化旅游的区域空间规划上，应把握以下五个开发原则：

（1）突出历史内涵，感受文化氛围

历史文化旅游是将历史文化体现在旅游产品中，因此在开发中确定并突出旅游地的文化属性就变得尤为重要。在这一导向下，历史文化景观旅游区则应把握该地域历史资源的文化定位，使旅游者从中汲取历史文化中的精华，同时也能对传统的历史文化进行现代意识的思考，做到寓学于游。

（2）针对旅游者历史文化需求，强调精神文化享受

历史文化旅游作为现代旅游发展的产物，属于一种文化经济的范畴，当然也离不开市场，必须遵循基本的市场原则。在旅游业高速发展、竞争日益激烈的今天，历史文化旅游的开发要针对市场需求，创造满足历史文化消费需求、激发旅游者兴趣的旅游产品。也就是说，在历史文化旅游开发的过程中，要根据旅游者的需求，提供更周到的旅游服务，能够让旅游者从历史文化旅游中得到丰富的精神文化享受，从而使旅游开发最终获得良好的经济效益。

（3）注重文化个性特色、发挥历史景观优势

历史文化旅游不能相互模仿、大同小异，在开发中应把握该地历史资源中的特点，并将它充分显现出来，在开发中可以根据某个历史人物、历史事件以及当地历史遗址的文化价值，突出各个不同历史文化旅游区的个性特色，围绕这些个性化主题进行历史文化的旅游开发。需要指出的是，突出个性要注重历史文化背景的可靠性，不能靠搜罗野史，更不能靠捏造子虚乌有的东西。如果在缺乏历史文化背景可靠性的基础上，建筑假景假物则会显得做作别扭、不切实际，更不能得到旅游历史文化上产生的共鸣。

（4）注意景观整体风格，突出历史文化形象

历史文化旅游的开发应确定旅游地的整体文化风格或文化主格调，并围绕这一整体文化风格进行旅游项目设计和旅游产品开发。在历史文化旅游区内，不论是自然景观、历史遗址还是人造建筑，都应该表现其确定的文化主格调，突出该旅游区的整体文化风格，把握历史文化的导向，切忌现代化改造倾向。否则，历史文化旅游区的城市化、公园化都会破坏历史文化风格的整体性，使历史文化旅游失去其原有的意义和特色。

（5）兼顾可持续发展，强调历史文物保护

进入20世纪90年代，随着人类社会对"可持续发展"这一主题的日益关注，人们开始意识到旅游业的发展与自然环境以及旅游资源之间的矛盾正在加深。历史文化资源中的有形部分，如自然景观、历史遗址、文物、化石等均为不可再生资源，一旦被破坏将永远丧失这些闻名的历史文化景观。所以在历史文化旅游的开发中应总结传统开发模式所带来的教训，在保证旅游开发和旅游活动经

济效益的同时，兼顾开发的质量和可持续性，重视对历史文化景观、文物古迹的保护与修缮工作，同时加强对工作人员和旅游者的教育和宣传，通过改善旅游环境和保护旅游资源，实现历史文化旅游的可持续和谐发展。

2. 开发程序

（1）开发环境分析

对历史文化旅游开发环境的分析不仅涉及对旅游客体——当地历史文化资源价值的认识，以及对历史文物古迹地理环境的评价，而且还要考虑旅游主体——旅游者对历史文化旅游产品的认识程度和喜好程度。一般认为，文物古迹越集中的地方，蕴含的旅游价值就越大，越能吸引游客。同时，该地区历史文化风格越独特，旅游者对旅游产品的偏好程度也就越大。因此，我们在对历史文化旅游资源的开发环境进行分析时，可从数量性、质量性以及独特性三个角度出发。

①数量性。文物古迹集中的地方，可以形成以文物古迹为主的旅游线路，例如中国的西安、北京、洛阳、开封等旅游城市以及湖北境内的古三国旅游线路。这些历史文化资源因其古迹相对集中而具有易于开发、历史文化旅游价值高的特点，这对于收藏文物古迹的博物馆亦是如此。

②质量性。开发环境的质量指当地历史文化所蕴含的信息量和文物古迹的保护程度。一般来说，旅游资源传递的文化含量越高，文物古迹保护得越好，旅游价值就越大。例如，我国的万里长城不仅反映了中国古代劳动人民高超的建筑技术，而且更为重要的是长城在历史长河中所形成的丰富的历史文化价值使得它成为中华民族精神的指示物，加之明代长城部分建筑保存完好，更具有极高的研究价值和旅游价值。类似的历史文化旅游资源有埃及的金字塔和狮身人面像、印度的泰姬陵等。

③独特性。旅游的目的是为了寻求不同于自己日常生活中常见的东西，这种"求异"的旅游心理，使得分析历史文化开发环境时，要发掘当地历史文化文物古迹的独特性。由于中国地大物博、各地自然环境各异，再加上长期的历史创造，易形成各地风貌不同的历史文化特征。从大的方面讲，我国有北方长城以北的北草原文化，黄河中游的秦文化和三晋文化，黄河下游的齐鲁文化，四川盆地的巴蜀文化，长江中游的荆楚文化，长江下游的吴越文化，珠江流域的岭南文化

等等。自然区域文化为历史文化旅游创造了便利条件，所以在开发环境分析中应把握本地自身的历史文化特色，才能使旅游资源的开发更有价值。

（2）开发内容确定

历史文化旅游的开发内容要以该旅游区的历史文化主题为中心来进行拓展和设计，开发内容的确定要注意以下三点：

①首先要针对历史文化旅游的市场需求，结合本地区的历史文化资源条件，在旅游产品，即旅游的综合服务上做出各种决策，体现历史文化的旅游价值，同时获得较好的经济收益。

②对于历史文化旅游资源的开发，还应抓住历史文化的独特性、地域性、持续性的特点创造旅游消费者的文化消费需求，让他们在历史文化旅游中体验到一种在别处无法体验的经历，得到精神方面的享受。

③历史文化旅游资源的开发还应配以吃、行、住、购、娱等方面的服务设施，但在开发中要保持历史文化风格的完整性，突出该旅游区历史文化的主题特色。

二、民俗文化旅游的开发

（一）民俗文化旅游

民俗文化旅游就是以民风民俗因素作为吸引物和承载物，激发旅游者兴趣，通过旅游者的亲身投入，成为特定民俗环境中的一员，来达到旅游主体和客体的双向交流，满足旅游者休闲、探奇、求知心理等目的的旅游活动。

民风民俗作为一种人文旅游资源，具有其他旅游资源所不具备的最为突出的一点，就是可以参与。自然风光、文物古迹、园林等旅游资源只是旅游者能够观赏的对象，旅游者只能通过观看来欣赏和感受，不可能现实地融入其中。但民风民俗却不同，由于它是通过人的现实活动和表演所表现出来的，与旅游者的观赏活动同步进行，这便给旅游者的参与提供了现实的余地和机会，使民俗旅游成为现代旅游开发的重点和我国发展专项旅游的优势之一。世界各国、各地区的旅游者喜爱到中国来旅游的一个重要原因就是我国有着悠久的历史和丰富灿烂的传统民族文化，在旅游过程中可以接触到许多新奇的事物，增长知识，引起心灵的颤动，特别是可以参与各种民俗活动，融为环境中的一员，获得一种有别于日常生活的充满情趣和刺激的体验。因为寻求差异，开阔眼界，扩大知识面，满足猎奇心理，从中获得美的享受，是旅游者旅游的基本动机之一。旅游者购买旅游产品时所追求的最内在实质就是一种旅游经历，一种感受和体验。我国开展国际旅游的优势是来自民间、民族、上下五千年悠久的历史和文化，古老、神秘的文明和传统文化才是中国旅游资源的支柱。因而，我国的旅游开发应该顺应世界旅游发展的潮流和需求，利用古今民风民俗这"取之不尽、用之不竭"的旅游资源，发展民俗文化旅游。

（二）民俗文化旅游开发规划

1. 开发基本原则

开发和挖掘民俗文化旅游资源的价值和功能，使其成为旅游吸引物，为旅游者创造良好的旅游环境，是民俗文化旅游开发的中心任务和基本指导思想。为达到这一目标，民俗文化旅游开发须遵循一定的规律和原则。

（1）突出民间特色原则

特色原则要求在对民俗文化旅游资源进行开发时，应尽量选取最有特色、具有一定垄断性或不可替代性的民俗旅游资源进行开发。唯有如此，才能满足旅游者求新、求异、求奇的心理需要，人们才会接踵而来，也就是人们常说的"人无我有，人有我异"。同时，民俗文化具有历史继承性，因而在开发过程中要注意保持和突出民俗文化旅游资源的原始风貌，避免对此类旅游资源的过分修饰和全面毁旧翻新，应充分利用富有地方特色和民族特色的现成建筑和设施。此外，在民俗旅游产品的开发、规划和建设中切忌模仿和雷同，完全照抄照搬就会毫无个性、特色可言，但这并不排除对一些好的经验的借鉴。总之，有特色才有竞争力和吸引力，应积极发掘各种民族风情、传统风俗、民间艺术等优秀的民族历史文化遗产，体现民族特色和地方特色，使它们具有更浓郁的民族性和区域性，从而对旅游者产生极大的旅游吸引力。即使有的地区民俗旅游资源不够丰富，但如果经过精心挖掘和组合，仍会形成有自己风格特色的民俗文化旅游市场。

（2）针对市场需求原则

将民俗文化资源作为一种旅游产品来开发，推向旅游市场，这同社会上一切商品一样，其成功的关键就看其是否适应旅游市场的需求，也就是说，它必须最大限度地满足旅游者的需要，才能适销对路，才能在激烈的旅游市场竞争中取胜，也就是要求我们遵循市场的原则。而市场的原则不仅仅局限于对客源状况的了解，它应该是多方面的综合。旅游产品与其他的产品有着很大的区别，它是一种服务性产品，其价值的核心是服务。而不同的旅游者对服务的内容和档次的要求都有着很大的不同，特别是当今旅游正在向个性化、多样化、参与化发展，这就要求我们多重视民俗旅游需求的个性，多扩大民俗旅游产品的选择范围，多注重民俗旅游产品的参与性和消遣性，以便给旅游者更生动、更深刻的旅游体验和经历。同时，任何产品都有一个生命周期，经历投入期、成长期、成熟期和衰退期，民俗旅游产品也不例外。为了更好地吸引游客，就需要不断开发和创新民俗旅游产品，以保证市场的旺盛。这既是现代旅游市场竞争日益激烈的要求，又迎合了多数旅游者猎奇、喜新的共同心理。此外，民俗文化旅游资源丰富且具有特色的地区多分布在边远地区或交通不便利的山区，社会经济发展水平较低，旅游设施缺乏，其市场可进入性差，旅游接待能力不够，客源市场多依赖于外部，这就必须注重对市场的培育，既包括对旅游资源地的完善，也包括对旅游客源地的宣传和对旅游客源的营销。

（3）追求综合效益原则

效益原则是指在对民俗文化旅游资源开发时，要注意研究和预测民俗旅游资源开发后的效益。这里所说的效益是一个综合的概念，它既包括经济效益，又包括社会效益和环境效益。其中，经济效益是第一位的，因为民俗文化旅游资源开发作为旅游业经营活动的一部分，它必然是以追求经济效益为目标的，其中牵涉到投入和产出的问题，也就是说要用最小的投资争取最大的经济收益。这就要求对旅游资源的开发要服从旅游资源地整个社会经济发展的总体规划，保证开发所带来的收益高于所付出的机会成本。要求在开发和建设时，尽可能就近取材，力戒舍近求远，并充分利用现有的民俗建筑和民俗设施，以减少投资。此外，因资金、人力、物力等供给因素，游客的偏好、需求随市场季节性的变化，民俗文化旅游的开发应突出重点，阶段性发展，优者先上，在开发布局和规划时为未来发展留有余地。这样既满足了旅游者不断变化的需求，又可以逐渐形成旅游资源地的规模效应。

（4）强调民俗文化内涵原则

文化性原则，要求我们在对民俗文化旅游资源开发时，应该注重民俗文化的内涵。对文化内涵的注重往往将成为旅游市场竞争的起点，起点高则发展余地大，竞争的手段强。文化形式的丰富和独特、民俗文化旅游过程的文化性、细节的文化性都是我们在对民俗文化旅游资源的开发过程中要多下功夫思考的。只有这样，才能突出民俗文化旅游在旅游市场上文化性竞争的优势，适应现代旅游定向文化创意新时代的需要。

2．开发程序和方法

民俗文化旅游资源的开发也和其他各种旅游资源的开发一样，必须遵循一定的程序来进行。其开发的程序一般应包含有民俗旅游资源的调查和评估、旅游市场的预测、编制开发规划、设计施工等。

（1）民俗文化旅游资源的调查和评估

资源调查是民俗文化旅游资源开发的基础性工作。我国各地自然条件差异较大，56 个民族的生产方式和生活方式各有不同，各地的社会状况也不一样，长期的历史发展形成了各地及各民族丰富多彩、形式多样的传统文化和风土民情，这是我国民俗文化旅游开发的优势，同时也给开发带来了一定的难度。出于种种原因，并不是凡民俗资源都一定能用于旅游开发，凡有少数民族的地区就一定能开发成民俗文化旅游区。因此，必须在民俗资源普查的基础上进行民俗文化旅游资源的调查，从旅游开发的角度对民俗资源进行分类，了解哪些是已经得到开发利用的民俗旅游资源，哪些是当前不宜进行开发的，哪些可进行局部的开发和利用。在此基础上，再从价值、效益、条件等方面进行科学的评估。

（2）旅游市场的预测

要想民俗旅游资源的开发利用获得成功，产生较好的经济效益和社会效益，就必须面向旅游市场，以旅游者的需求为开发的出发点，进行开发前的市场调查和市场预测。首先，要广泛搜集资料。既要搜集旅游者的有关材料，也要了解已开发的民俗旅游资源的有关材料,还要对主要的竞争对手有详细的了解。同时,对旅游者的旅游流行趋向、国际旅游市场的变化和潮流等也要把握。其次,将收集的资料进行分类整理,综合分析研究,特别要将旅游者的旅游动机、旅游态度、对民俗旅游产品的认知程度、旅游行为等与民俗文化旅游资源结合起来分析。最后,在前面调查的基础上,用定性、定量的科学方法对未来的旅游市场、潜在的旅游消费者进行推测和展望,预测出民俗旅游市场对旅游产品的需求量、客源结构和客源规模及其变化趋势、民俗旅游市场的资金回报率等。

(3)编制民俗旅游开发规划

通过对民俗文化旅游资源的调查、评估和市场预测,进行开发的规划编制。编制的内容应包括确定旅游开发的目标、具体待开发的民俗资源、开发项目的主题,明确开发的规模和等级,依据民俗文化旅游资源开发的基本原则提出具体的开发项目、产品的构思,形成与设计产品的概念,并对配套设施和环境的建设进行规划,对资金的来源、使用、回报进行规划,提出项目实施的步骤、时间和组织形式等。

(4)民俗旅游项目的设计施工

好的规划不代表成功的产品,这就要求在民俗旅游开发过程中,使设计不能偏离规划中所确定的主题和思想,并且随着旅游市场的不断变化,需要对其有着动态的把握,即在设计和施工中进行改进和完善,以减少旅游产品不易变性和产品适销性差的弊端,控制投资风险。此外,在民俗文化旅游资源开发完成后,还要强化管理,处理好民俗旅游资源的保护和利用的问题,加强对旅游市场和民俗旅游资源的科学研究,为进一步的开发和创新提供科学的依据,以延长民俗旅游产品的生命周期,发挥出最大的民俗文化的旅游价值,促进我国旅游市场的发展。

在民俗文化旅游开发中,由于所开发的主题不一样,具体的民俗资源也不相同,因此,各种开发方法的使用也应结合具体情况而定。但在某些方面是共同的,即要通过市场的可行性研究找准目标市场,通过慎重的地理位置选择以打好经营基础,通过文化内涵的挖掘提高产品的魅力,通过滚动开发和更新改造延长产品的生命周期,通过综合开发提高总体收益,通过高效促销提高产品的知名度等。

三、园林文化旅游的开发

（一）园林文化旅游

中国园林本就是中国文化长期积累的结晶，充分反映了中华民族对于自然美的巨大理解力和鉴赏力，而正是这些文化的特征赋予了它作为一种旅游资源的潜力。中国园林素有"形象的诗，立体的画"之称，诗的意境、画的构图是中国园林创作的根本方法，由此形成了自由、变化、曲折而含蓄的东方色彩，也构成了它作为旅游资源的主要吸引力。

中国园林具有的鲜明的文学色彩形成了旅游的可感性；中国园林体现的绘画手法形成了旅游的可观性；中国园林体现出的含蓄的东方观念形成了旅游的特异性；中国古典园林意境的追求形成了旅游的最高境界。

（二）园林文化旅游开发规划

1. 开发原则

首先要注重把握园林的自然属性，这里包括造园艺术师法的自然、分隔空间融入的自然、园林建筑顺应的自然和花卉树木表现的自然。要把握园林所追求的艺术境界，注重中国传统的含蓄美。对于我国园林，只有遵循这几个原则并细细推敲，才能深谙我国园林文化的独特之处。

2. 开发程序

（1）主题的确定

一个成功的园林设计开发首先要有一个鲜明的主题，这个主题的确定必须考虑到以下方面：大众口味、目标市场偏好、市场走向、主题潜力等。在此基础上，确定一个具有吸引力的主题。

（2）园林环境分析

在主题确定后，还应对其适应的环境加以细细地推敲，以便相互衬托、相互添色。如园址的需求、园址周围的文化氛围、园林周围的基础建设等。

（3）收集材料，整理和综合形成方案

在主题以及环境选定后，便可以根据实际情况加以考察研究、规划设计出产品的蓝本，再根据设计方案进行市场预测和财务预算来选出最佳方案。

最后，利用所创建的实际方案进行实地建设并向市场推广。

四、建筑文化旅游的开发

（一）建筑文化旅游

作为人类最值得骄傲的文明成果之一，建筑用其自身形象反映着历代社会生活的主题，体现着我们祖先的惊人智慧。从几千多年前新石器时代的河姆渡和陕西半坡村的房子发轫，到商都、周城、秦关、汉宫及至明清辉煌的紫禁城，千年来中国的建筑文化发展迅速。各种建筑巨构遗物也以其特有的艺术魅力吸引了世界各国的旅游者，如北京故宫、天坛、万里长城，安徽屯溪宋街，西安钟楼、鼓楼等，堪称东方建筑的典型代表，使众多的旅游者流连忘返。因此，开发中国建筑文化旅游的根本是为了更好地弘扬中国建筑文化特色，保护和利用建筑文化旅游资源。

（二）建筑文化旅游开发规划

1. 开发原则

（1）突出文化内涵

在建筑文化旅游产品的开发过程中，应该充分认识到文化的意蕴，使旅游者在参观游览这些古建筑时不仅是获得视觉的享受，而且更能满足其求知的欲望，了解和欣赏中国古建筑的文化、艺术及其所反映的时代特征。

（2）结合市场需求

在市场经济时代，要想使一旅游产品获得生存空间，就应该结合市场的需求，以市场为主导。因为一个旅游产品所能表现的文化内涵毕竟是有限的，旅游消费者往往可能因为其自身思想观念、生活方式或是气质性格的不同而对旅游产品产生不同的兴趣，所以作为建筑文化旅游产品，必须朝着大众欢迎的方向发展，但并不是一味地迎合。

（3）强调个性特色

强调个性特色可以说是任何旅游规划开发中都必须注意的问题。所谓个性化即拥有别人所没有的，突出自己的特殊性，对于建筑物而言，不同时代的建筑物反映了不同的文化礼制，即使是同一时代的建筑在其共性的基础上，亦有自身的特色。在建筑文化旅游产品的开发过程中就要严格把握一个"特"字。

（4）注意整体风格

抓住一个"特"字做文章，并不等于放弃整体风格的统一，尤其是对建筑文化旅游的开发。

（5）兼顾可持续发展

旅游规划商必须担负其合理配置旅游资源的职责，把切实保护生态环境的历史责任放在突出地位，考虑到所修复的建筑物会对周围环境可能产生的影响和破坏，尽可能保护特殊的环境特色，使目标市场的游客数量控制在旅游区环境承载力之内，以维护生态环境的可持续发展。总体来说，就是既要保证建筑物的完整并及时修缮，又要保证周围旅游资源的持续利用。

2. 开发程序

（1）环境分析

在开发规划一项建筑文化旅游产品时，除了对建筑物本身进行开发保护并加以利用外，更应注重对旅游环境的分析。应注重国家经济政策环境的分析和自然环境的分析。

（2）确定开发主题

开发者的思路不同，确定的主题也就会不同。主题不同，所开发的建筑文化旅游产品的外在形式也就不一样，就有可能会导致产品最后的成败不定。所以，在开发前，必须先确立好主题，围绕着主题探讨和研究。目前中国建筑文化旅游的主题定位大致保留的范围是宗教建筑文化旅游和民族建筑文化旅游。

（3）发挥建筑文化旅游的开发优势

中国古建筑受几千年来封建思想的影响较深，建筑文化旅游开发的内容丰富多彩，我们应该充分发挥建筑文化的几大优势，结合旅游项目进行合理开发。主要为：表现形式多种多样的优势；文化底蕴深厚的优势；与其他文化表现联系紧密的优势。

（4）在市场的指导下进行实际开发

这是把我们的建筑思想以及建筑理念融入实际中的最为关键的一步，它是指在我们所选定的环境中，把我们根据市场的需要所策划的建筑文化旅游主题，在实际的社会表现空间中付诸实现。

（5）市场推广

这是旅游开发最重要的一步，当今社会是一个竞争的社会，各种各样的产品竞相投入市场，要在众多的旅游产品中为建筑文化旅游产品争得一席之地，就必须应用现代的推销方法和现代的市场推广策略。只有在五花八门的产品宣传中让别人认识并了解建筑文化旅游产品，它的后续力量才会坚固，这也是当代社会市场经济体制运行的必然结果。

第三章　文旅产业融合发展的条件和路径

第一节　文旅产业融合发展条件

一、文旅产业融合发展的必要性

近年来，国际环境发生了巨大变化，文化软实力对于一个国家政治和经济的作用越来越大，对各领域的发展都有重要的意义。文化使旅游的品质得到提升，旅游使文化得以广泛传播。文旅融合既是文化和旅游互动共荣的客观需要，也是二者发展的必然趋势，对各国文化和旅游产业发展具有重大意义。从机构设置上看，纵观意大利、英国、土耳其、马来西亚、希腊和韩国等世界旅游大国，大多将文化管理和旅游管理的职能置于统一机构之下进行综合协调和统筹管理。在全球化的推动下，中国出入境游快速发展，文化产业也逐步走向世界。文旅融合和国际化已成为中国实现与世界交流、融入世界的重要方式。

推动文旅融合发展，不仅有利于文化产业加速发展，促进旅游产业转型升级，满足人民精神文化需求，促进经济增长，同时也有利于中华优秀传统文化的继承和发展，增强文化自信。中国特色社会主义进入新时代，我国社会主要矛盾已经转化为人民日益增长的美好生活需要和不平衡不充分的发展之间的矛盾。在数字化、人工智能时代，科技创新手段为文旅融合发展提供了全新动能和无限可能。同时，新技术、新设备的应用也有利于进一步开展文化旅游资源保护和利用。在此背景下，文旅融合发展是更好满足人民群众美好生活需要的题中应有之义。在国内外新的发展形势下，如何进一步明确文旅融合发展的策略、过程和路径，推动文旅融合发展，传承中国文化，强化文化自信，都成为新时代文旅产业发展的重要研究主题和政策命题。

　　随着人们物质生活水平的提高，越来越多的人希望拥有更加充实的精神生活，纷纷投入旅游这一活动中。特别是近年来，随着国民休闲时代的到来，人们越来越注重文化方面的体验，旅游活动已经从以往单纯的购物、消费、游玩，发展到如今走进历史博物馆等文化场所积极感受民俗文化、观赏文化古迹等。文旅产业融合发展在这一形势下应运而生，成为更好地满足人民群众高品质生活追求的必然选择，诸多文化体验活动逐渐成为游客旅游出行的首选，更是成为旅游地旅游业发展的决定性因素，既能满足游客自身对个性化旅游体验的追求，也可实现文化资源与旅游活动之间的交叉渗透和融合发展。

　　随着国民经济的高速发展，高效率、低成本和可持续发展逐渐成为国家所倡导的经济模式和追求的目标。这一经济新常态背景为县域经济发展提供了巨大的机遇，同时也带来了相应的挑战。县域地区虽然民风淳朴、民俗浓厚，具有较强的旅游开发价值，但是长期过于依赖能源也会影响其经济发展，为了加速这类地区的经济转型，则务必要打造文化旅游融合的现代旅游体系，这样可以有效突破传统旅游产业的发展模式，扩大发展范围，真正实现旅游产业由小到大、由大到强的发展目标。县域地区的优势不仅在于美丽的自然风景，更在于丰富的历史文化资源，将其与旅游资源相互融合，实现文明创新、健康向上的文化消费模式，推动资源优势向产业优势的迈进和转移。特别是对于一些青山环绕、绿水长流的风景优美的县域地区更是要加速推动文旅产业融合发展，这种历史悠久、文化资源丰富、人文景观多样的地区文化产业与旅游业的彼此融合，既能够让更多的游客感受到当地民俗文化，拓宽其知识面，达到陶冶情操的目的，也能通过观赏优美的景观唤起游客保护自然环境的意识。

　　除此之外，文旅产业融合发展还是实现绿色和可持续发展的新举措。文旅产业融合发展从认识自然、利用自然、改造自然及与自然和谐相处等方面入手，真正实现可持续发展。文旅产业融合发展能够实现生态环境保护和县域经济发展的平衡，积极推动生态文明建设，促进生态资源保护，让更多游客和居民都能在良好的生态环境下享受大自然的馈赠。特别是在新时代背景下，文旅产业融合发展体现出文化发展的创造价值和旅游体验的分享价值，对于资源丰富的地区而言，更是实现了经济效益、文化效益、社会效益的"三赢"，更能形成文化发展与旅游行业的良性互动，在促进地区经济转型、加快发展的同时，也可以起到改善民生的重要作用。

二、文旅产业融合发展的动力因素

动力即一切力量的来源，动力具有方向性、动态性、加和性等特征，文旅产业融合发展的动力也具有方向性、动态性和加和性三大特征。相对于传统产业主要发展的动力是土地、机器、厂房等硬要素驱动而言，文旅产业融合发展的主要动力是世界旅游经济进入后工业社会的新型产业经济形态，人的创造力、文化、品牌和知识产权等软要素尤其是文化要素是其发展的主要动力，这就使得文旅产业融合有了一定的基础和条件。

（一）文旅产业融合发展的驱动因素

文化产业与旅游产业的融合，是其产业系统内部和外部两个方面的动力因子共同发生作用的结果。从系统工程理论的视角分析，促进文化产业与旅游产业有机融合的关键因素不仅包括旅游产业的开发、文化产业的发展等方面，还包括对文旅产业产生影响的其他方面，如国民经济水平、人口发展状况、人们对文化旅游活动的需求以及政府对文旅产业的支持作用等。其中，内部主体企业、旅游者和外部主体政府、中介机构和市场在驱动因子中扮演着核心和纽带作用。这两方面的动力主体共同发生作用，使文化产业与旅游产业的产业结构不断合理化和高级化，从而推动两大产业的发展与进步，最终实现两者的融合。

1. 企业行为

旅游企业和文化企业的行为取向，可以对文旅产业的形成和发展产生驱动力，技术、市场和交通通信的发展是企业规模扩张并演变为现代工商企业的外生因素。传统的旅游产业已发展成熟，行业竞争激烈，其产品市场开始趋于饱和，产品利润也趋于稳定或开始下降，企业有创新转型的强烈愿望，产业不断演进发展。因此，一方面，优质的旅游企业可选择文化要素供应商，提供创新型的文旅产品，通过多元化经营在竞争中胜出；另一方面，企业对利润的追求是推动产业进步的有力杠杆。

文化产业和旅游融合后形成的新兴产业——文旅产业，因其高附加值和丰厚的盈利空间，吸引旅游企业快速进入文化旅游市场，进一步促进文旅产业的不断整合和成长。

2. 旅游者需求

随着人们生活水平的提高，旅游中的参与性和娱乐性成为旅客关注的诉求点，旅游偏好更倾向于精神消费更高层次的娱乐，如欣赏音乐和民族舞蹈等文艺演出，参观当地历史文化博物馆、文物艺术品展览、民族特色风情展览等，这使得娱乐在旅游消费结构中的比例不断增加。人们的旅游需求消费也在逐渐走向理性，注重文化精神体验与求异，逐渐减少传统的观光旅游，转而青睐主题游、深度游和度假游等。

旅游需求结构和内容的变化促使人们对文化旅游产生市场需求，这就吸引了投资商、企业和中介组织等开始主动进入文化旅游开发点，并出于各自的利益，它们相互制约又协同发展，促使文化旅游目的地的形成和完善，成为文旅产业的供给者。而文旅产业的客户正是这些旅游偏好发生变化的新型旅游者，文化旅游需求的变化对于旅游产业的转型及与文化产业相融合起到了关键作用。

3. 政府引导

政府虽然属于外部动力因素范畴，但它对文旅产业融合发展中的每个环节都会产生重要影响。其驱动作用体现在以下方面：

第一，政府为文化产业与旅游产业的有机融合运作搭建平台。文化产业的开发和旅游产业的升级都需要良好的基础设施与之相配套。基础设施投资具有额度大、直接经济效益不明显、回收周期长等特点，这决定了政府在先期基础设施建设配套项目投资中的主导地位。

第二，政府对旅游产业、文化产业具有政策导向和协调规划作用。文旅产业对区域经济具有产业结构升级、拉动经济增长等放大效应，这促使政府通过有力的政策工具保证其健康发展。如通过制定相关法律法规，对文旅产品的知识产权进行保护；出台相关的产业发展政策，加大财政投入，保证产业稳定增长等。

第三，政府的投资决策和发展规划会吸引投资商对经济效益明显的文旅产品场馆建设、项目开发以及餐饮、住宿、商场等服务设施进行投资。随着这种投资规划集聚效应的产生，可以吸引更多的人才、资金和技术的入驻，从而进一步推动文旅产业的发展。

4. 中介机构发展

产业的发展除了核心企业的作用，还需要大量与文旅产业有关联的中介机构的支持。在这里将行业协会组织、学校等人才培养机构、学术研究机构、高质量的营销团队、文化或文物保护部门等都归为中介机构的范畴。这些机构虽然不是文化旅游核心产品生产的直接支持者，但为产业的整体发展包括人才的吸引和成长、产品的推介和促销等，提供了良好的环境和氛围，它们的完善与成熟也是影响文化旅游景区发展的重要因素。

文旅产业与传统的旅游业相比，其比较优势更多地建立在文化内涵和文化品质上，能够吸引旅游者的基本因素就是文化差异和文化特色带来的驱动力，而中介机构中的文化工作者就是这些差异形成的来源。如行业协会组织中的民间文化艺术团体、民族舞蹈艺术团体等文化传播者不断地将这些文化要素与原有的静态旅游要素相结合，创造出文旅产品，提供文化旅游服务，推动产业的发展。它们的不断发展为文化产业与旅游产业的融合创造了机会。

5. 市场机制

在文化产业与旅游产业的融合运作中，市场机制是主要的传导机制。通过市场对文旅产品的需求，按照价格机制、资源配置调节空间格局，在一定区域内形成和发展小规模文化旅游点，进而发展成文化旅游目的地，这是一个产品和市场不断适应、不断调整和不断完善的过程，文化旅游目的地的形成是经市场需求的推动而向前演进的。文化产业与旅游产业的融合刚刚起步时，在市场机制所产生的集聚效应的影响下，与文化旅游业相关的食、住、行、购、娱等产业不断向文化旅游资源所在地集中，并开始吸引能满足这些产业发展需要的资金、技术、人力资源等要素向区域内集聚，从而形成文化旅游景区。文化旅游景区一旦形成，就会产生自我增强机制，并不断吸引旅游者来此观光，从而引发产品和服务需求的不断扩大和提高，形成产品和服务消费市场。

从这一过程可以看到，在市场推动力的作用下，文化产业与旅游产业通过突破产业自身所形成的条块分割，降低了交易成本，形成持续的竞争优势。

(二) 文旅产业融合发展的内在动力

1. 旅游需求的变化

随着生产力、经济水平和人民生活水平的不断提高，旅游者的旅游需求也在变化。旅游需求的满足不仅包括从消费中获取物质需要的满足，更重要的是从中获取心理和精神层面的满足。旅游消费需求的多变性源于旅游市场的不断成熟、旅游者对旅游体验广度和深度的不断追求、新的旅游消费特征以及信息共享的时代特征。

随着我国旅游产业的发展，旅游产品开始逐渐分层，突出的表现就是旅游者对一些高端旅游产品的消费。旅游需求具有个性化属性，具有小批量、多品种、非标准等特点。成熟的旅游者对旅游体验的个性化和体验深度要求更高，驱使旅游企业为了争取更多的旅游者、抢占更大的市场份额而进行创意、技术等方面的改革，将旅游产业内的要素进行优化整合，引入文化产业要素，从而引起文旅产业融合发展，使得旅游产业的结构也因此而改变，从而满足旅游者日益增长的需求。

文化产业与旅游产业的融合发展，不仅要关注旅游需求的多变性，还要明确旅游需求最明显的三大变化：一是越来越多的人追求在生态环境良好的地区完成自己的旅游生活，生态环境成为旅游者追求的核心目标；二是越来越多的人追求情感氛围更重的旅游环境，通过旅游来促进亲情、爱情、友情，来促进人际交往过程中的情感传递；三是越来越多的人追求文化浓郁的旅游目的地，在求知欲望的驱动下，丰富自己的人生经历，感悟人类文明。在这三大旅游需求变化中，游客对文化的渴慕是旅游需求三点变化中最突出的变化，也是推动文旅产业融合发展的内在驱动力。

归纳以上三大变化可以具体地描述需求变化中的主要特点：一是个性化，有个性化才有多样化，在旅游市场上既有趋同的倾向，又有个性化强烈发展的倾向；二是休闲化，人们更希望从快游到慢游，在闲散自由中完成自己的旅游生活；三是体验化，什么事情都希望经历一下，什么事情都希望体验一下，通过体验（特别是通过深度体验）强化自己对自然与人文的感悟；四是健康化，旅游本身是一种文明健康的行为,在文明健康中完成旅游,在旅游中促进文明健康;五是自主性,自主性又可以称为自助性,处处表现为"我能""我行",通过自我完成旅游的全过程。这是当今旅游市场需求的五大特点,而且发展得越来越深入。对文旅产业融合发展而言,不仅要关注旅游市场需求的变化,还须适应旅游市场需求变化的主要特点,开发出更好的文旅产品,这是每一个文化旅游管理部门和每一个文旅企业都必须关注的焦点。

2. 旅游资源观的转变

旅游产品的创造依赖于不同形式的资源,无论是自然的、历史遗留的,还是现今创造的,对旅游者具有一定吸引力的人工创造物都具有成为旅游资源的价值。但随着社会的发展,人类物质生活丰富到一定程度时,欲望的追求便逐渐转移到精神生活层面。知识经济、体验经济、符号经济等众多以满足人类精神需求的经济主题的提出,是对人类社会发展阶段的一种概括。旅游资源观的转变,使得原有的单一的自然风光与人文古迹等旅游资源所形成的旅游产品已经不能满足旅游者的体验需求。现今的旅游产品,体验性必须是放在第一位考虑的要素。体验即是对异域文化的体验,自古至今人类所创造的物质的精神的一切均称为文化。所以旅游资源观的转变是文旅产业融合发展的内在动力。旅游资源观的转变使旅游者认识到旅游产业融合对旅游资源的丰富所起到的作用,这种观念的发展也促使旅游产业对于旅游产品开发更具有深度,对旅游产品范围的延展更具广度。

随着旅游资源观的转变,文旅产业融合发展期间,文化旅游资源的开发方式也需要随之转变,具体体现在以下三个方面:

(1)向精细化转变

第一,打造精品。认真贯彻文化和旅游部关于培育旅游支柱产业的决定,重视和加强以品牌为主的文化旅游资源开发进程,树立大旅游观念,努力使文化旅游资源开发向规模化、精品化方向迈进,培育文化旅游龙头景区和拳头产品。

第二,丰富内涵。在不增加或基本不增加景点和景区外延的情况下,以艺术、文学、民俗、建筑、政治等文化因素为内涵,对原有人文景观和自然景观进行再开发,这既是旅游资源文化内涵深层次挖掘的过程,也是旅游产品的更新过程和层加过程，从而提升文化旅游景区的知名度和美誉度。

第三，关注细节。国内一些景区（点）要按照旅游星级厕所标准新建和改造好景区（点）厕所，解决好景区（点）厕所的水源和排污问题；要建好景区（点）游道、桥亭和休息凳椅，让游客既能安全游览观光，又能适时休息调整；要完善旅游标志和警示标牌，提示游客遵守相关规定，方便游客游览；要建设无障碍通道和各种紧急救援机制，方便残疾人旅游，妥善处理各种突发事件。通过以上措施，真正把国内文化旅游区建成文明安全旅游区。

（2）向系统化转变

第一，统筹规划。各省区市要做好本行政区各自的文化旅游发展规划，突破行政区划的界限，并制订旅游资源区和旅游经济带（线）总体旅游规划，对文化旅游资源具有同质性、旅游经济具有关联性的相邻空间范围内的旅游景区（点）在开发上的轻重缓急、旅游服务设施的空间布局、旅游行业的协调管理、文旅产品的联合促销等内容进行合理部署、有序安排，以发挥资金的最大效用。

第二，联动互补开发。联动互补开发模式是利用中心景点的较高知名度进行文化旅游资源的滚动式开发，形成聚集规模经济的文化旅游资源开发利用模式。中心景点之所以在众多的旅游吸引物中处于中心地位，在于其同时具备资源的稀缺性、垄断性和市场号召力。中心景点既可以是文化旅游资源、文旅产品开发的龙头产品，也可以是景区开发的中心产品，其中最主要的原因在于中心景点享有较高的知名度，能够产生较强的品牌效应。联动互补开发模式的实现，能够充分利用中心景点的品牌效应，以无形资产辐射带动有形资产的互补式聚集，起到以热点促冷点的效果，提高文化旅游资源的使用效率，形成区位规模经济。联动互补性开发切忌近距离重复建设和小范围项目雷同，切忌不顾环境容量的超负荷开发，为避免联动互补开发模式下的过度聚集现象，地方政府必须依法运用行政、经济和法律手段对聚集规模和聚集结构进行控制和调整。

第三，合理配置文化旅游资源要素。旅游是吃、住、行、游、购、娱六大要素的统一体，企业在文化旅游资源开发中要克服就景区说景区的单向思维，认真研究六要素的合理配置和有效组合。要加快旅游交通路网建设，尽快改善通往景区的支线公路，重视和加强信息传输方面的基础设施建设，切实解决景区的可进入性问题；要重视和加强对文化旅游商品的开发、生产和销售，组织专门力量设计和开发有民族特色、地域特色和时代特色的文化旅游商品，精化工艺，改进包装，提高文化旅游商品的附加值和竞争力；要加快景区宾馆、游乐等配套设施建设，打造具有地方特色的精品文化演出，挖掘区域美食文化，让游客乐在景区。

（3）向生态化转变

第一，严格保护。生态环境学有关环境容量的理论研究已经表明，一个旅游地区（点）游人的增加或超量进入，必然导致旅游服务设施超载，废弃物、污染物以及对旅游区（点）生物种群干扰现象的增加，造成生态文化环境质量的下降乃至恶化。旅游区（点）的文化旅游资源会受到破坏，造成吸引力锐减，并逐渐衰亡。在生态旅游开发过程中，必须采取有效措施减轻旅游地的生态环境压力，达到将游人分流的目的，以维护旅游地的生态平衡。

第二，科学开发。国内文化旅游资源开发必须坚持生态文化旅游资源科学开发的原则和思路，做好总体规划与区域规划。其中的重要环节是在规划阶段对各项建设项目的环境影响进行客观评价，既要考虑文化旅游资源开发建设、合理布局设施和维护生态平衡等，又要紧密结合区域所在的重点发展目标、相关行业配套，减少在实施项目中的盲目性、局限性以及不必要的损失，求得科学与协调发展。

第三，可持续发展。为了保证生态文化的可持续发展，国内文化旅游资源开发必须坚持可持续发展的原则和思路，对景区进行功能分区，坚决执行"区内游、区外住"的布局原则，以达到有效控制和减轻污染的目的。缓冲区和核心区内不能修建任何餐饮及住宿设施，以减少对生态文化旅游区的污染和破坏。要加强旅游区（点）及周边生态文化环境建设，如加速实施绿化工程，提高植被覆盖率；要抓好天然林保护工程和退耕还林（草）工程，建立绿色天然屏障，从而改善生态文化大环境，实现生态良性循环。

第四，生态与人文并举。我国文化旅游资源开发必须坚持人文与自然有机结合，就国内生态文化旅游资源来说，体现于自然层面的地域特点和体现于人文层面的民族文化特点息息相关，并存在结构性的内在联系。自然负载了人文，人文渗透于自然，并经自然而得以体现，二者相互依存，相得益彰，共同营造出我国的生态文化旅游资源不同于国外的一种特有氛围。因此，既要提倡大力开发文化旅游资源，积极发展旅游业，在发展中提高发展质量，又要强调在资源开发中坚持保护与开发并重，转变文化旅游资源开发方式，合理开发，优化利用。

对多数文化旅游资源富集且具备发展条件的地区，应通过积极开发文化旅游资源促进其保护工作；对少数生态环境脆弱、敏感的地区，实行封闭式的保护管理。切实做到有能力开发的就要很好地开发，暂时没有能力开发的，要很好地保护起来，等待后人去开发。我国文化旅游资源开发与保护应该和谐地结合为一个整体指导思想和行动方案，以发展为前导，以保护为支撑，既使当代人脱贫致富，又把青山、绿水、蓝天留给子孙后代，这才是真正的、完整意义上的文化旅游的可持续发展。

文化旅游资源开发通过向精细化、系统化、生态化转变这三条途径，不仅可以实现旅游资源观的改变，还可以促成文化产业与旅游产业的进一步融合。

3. 文旅企业的竞争与合作

文化产业与旅游产业的融合，从系统论来说，起主导作用的还是文旅企业的竞争与合作行为。文旅企业是整个旅游经济产业系统内的要素，涵盖旅游活动基本要素的各个行业。文旅企业的本能是追求最大化的效益，而最大化的效益则来自旅游者最大化的满意度。文旅企业必须不断地探索技术的创新和新产品的开发，不断谋求发展与壮大，不断思考如何更好地满足游客的需要，不断在变化的环境中谋求持续的竞争优势。文旅企业面对的环境日趋复杂，而文旅企业自身的经营行为又使其环境更加复杂。旅游产业融合就是这些竞争中的企业互动发展的结果，它们改变了传统的竞争和行业观念，"竞合"和"跨界"的思想应运而生，形成了相互渗透、相互融合的关系。文旅企业所有的行为都源自旅游者的需求，消费者旅游需求的提高是文旅产业融合的根本原因，如果没有企业为这些新需求所做的努力，两大产业的深度融合也就无从谈起，文旅企业的竞争与合作行为是文旅产业融合的主导力量。

文旅企业作为文旅产业融合的主体，对经济利益的追求是驱使其进行融合的重要动因。文化产业要素的注入提升了旅游资源的品位和内涵，扩大了旅游产品的数量和种类，增加了旅游收入并促进了旅游业的发展；文化产业与旅游产业的融合，使旅游成为文化产业发展的载体，同时，旅游产业的介入也扩大了文化产业的市场空间。为了促进我国旅游企业之间的竞争与合作，需要努力做到以下四点：

第一，进行游客细分，提供差异化的旅游品牌和服务标准。不同群体的游客对于服务的需求是不同的，为了根据这些差异化的需求提供不同的旅游服务，文旅企业有必要进一步对旅游者进行细分，为旅游者提供差异化的服务业务。市场细分是进行差异化竞争、提升竞争力、进行业务创新的前提，而不同实力的文旅企业通过细分市场，既可以帮助弱势群体充分享受文旅产品的体验价值和文化价值，从而使文旅企业形成局部竞争力，又可以帮助强势群体充分感受到领先的文旅产品，使文旅企业进一步提升并维持其竞争力。在服务上，各文旅企业也应该针对不同客户群体的不同消费能力和消费行为设定不同的服务标准，根据市场定位及差异化进行产品定制。文旅企业可以推出针对性的品牌，重视品牌建设。在旅游者日益成熟，需求日趋多样化、差异化的今天，具有个性、针对特殊消费群体的旅游业务品牌更能获取这一群体的信赖和品牌忠诚。以市场为导向制定品牌战略，一方面将有利于贴近不同旅游者群体的需求重点，刺激旅游者消费，提升品牌忠诚度；另一方面也有利于根据不同目标市场的异质化需求进行文旅产品开发。

第二，加强沟通，建立分层次的合作伙伴体系。文旅企业与合作伙伴应当建立不同层面和深度的伙伴结构：对于核心"战略型"伙伴，应该稳定双方关系，深化合作，共同做好市场营销和服务；对于"潜力型"伙伴，则以扶持和引导为主，并注意对其加以控制；对于"现实型"伙伴，要充分发挥其当前具备的核心能力（如销售能力、品牌号召力等）的价值，但是鉴于其业态的不稳定性等原因可不做长期投入，并应逐渐减少依赖；而对于"边缘型"伙伴，只要符合既定游戏规则，则多多益善，但是基本不做投入和培养，并加强规范和管理。文旅企业要遵循一定的生存法则，要服从行业监管者的管理。生态系统必然是有法则的，这个法则是所有生态系统成员都必须遵守的，至少在能影响或改变它前必须遵守。

第三，以融合创新为主导，扩大文化旅游市场。随着市场竞争的深入，融合创新竞争逐渐取代"价格竞争",成为旅游产业的新趋势。在这一阶段,如何扎扎实实做经营,如何以游客的需求为导向推动文化产业与旅游产业的融合创新、运营和管理,成为文旅企业必须思考和面对的主要问题。由于市场竞争主体的增加,旅游者选择多样性的增加,旅游竞争还将在品牌、个性化服务等层面展开。因此,要从根本上解决目前旅游的恶性竞争问题,增强旅游企业的融合创新能力,以创新和个性化的文旅产品提升自身竞争力,是融合创新的基本前提。只有遵循市场细分和游客需求导向,在个性化的文旅产业融合创新上下功夫,旅游竞争才有可能逐步走出当前的困境。

第四,确定最佳商业模式,建立共赢分配体系。依据价值链理论,文旅产业融合发展的正常运转必须满足三个制度特性,即完整性、公平性和均衡性。只有利益相关者都能获得公平合理的地位,才能激活利益相关者的积极性,从而使其融合发展效益最大化,各个文旅企业也会共同努力去获得其应有的竞争优势。这是文旅企业能否健康发展和取胜的关键。在它们融合发展过程中,不同的利益相关者应该具有不同的利润分配方式,使不同的文旅产品供应商和旅游分销商都能均衡地获取利益,这样才能保证文化产业与旅游产业的均衡发展。如何使各个利益相关者都能在各自的业务发展中获利是文旅企业要解决的首要问题,为此,需要打造一个共赢的利益共同体,设计出相应的共赢分配体系,从而为确定最佳的商业模式夯实基础条件。

(三) 文旅产业融合发展的外在动力

1. 市场需求的增加

旅游是社会发展到一定阶段才出现的产物,产生旅游动机的两大要素是时间和金钱。随着社会的发展和工业化的进步,人们的闲暇时间日益增多,工业社会给人们带来的财富也为旅游的出行提供了经济支持。当国家经济发展到一定程度时,随着社会生产力的增强和科学技术的进步,人们逐步从繁杂的工作中解放出来,使得闲暇时间日益增多,加之人们对于精神生活的不断追求,旅游动机在这样的背景下应运而生。

随着经济的增长,闲暇与经济状况允许的条件下产生旅游动机的概率不断增强。人们生活观念的改变，对于传统旅游的内容要求自然也会相应提高。走马观花式的观光旅游已经满足不了人们释放日常工作压力的需要。人们需要一种别样的精神体验和角色互换，实现在现实生活中无法得到的精神享受与追求。

人们对于旅游内容个性化、多元化、体验化的追求促使旅游产品开发必须不断创新，从而满足更加多元化甚至异样化的旅游需求，促使与旅游相关的文化资源一改往日的文化表达形式，被赋予普遍价值观，进行二次创造，以迎合市场的高层次需求。旅游需求量的增加和质量的提高对文化产业与旅游产业的融合发展起到了根本的外在推动作用，促使文旅产业融合，不断生产出新的文旅产品。

2. 文化体制的革新

我国在改革开放之前不存在"旅游业"和"文化产业"这两个名词，文化以文化事业为主，旅游则以外事接待为主，二者均无明显的经济意义。文化作为传播民族思想、弘扬传统经典的有效方式受制于体制的束缚，一切文化生产和消费都有计划、有组织地进行。随着改革开放的发展，政治经济体制的改革不断深入，市场不断开放，文化体制改革才慢慢显现。

政府文化体制的改革使得产业间的进入壁垒降低，产业的生产范围不断扩大，由此产业间的渗透、交叉和融合成为可能，产业结构趋于优化。而文旅产业融合发展，源于文化体制改革的攻坚阶段及文化体制改革全面深化阶段。也正是基于文化体制的改革，才出现了文化产业与旅游产业的融合发展。这种改革也是两大产业融合的重要外部动力，它促使文旅产业融合发展拥有了更广阔的发展空间，也有利于我国传统文化精髓的传承与弘扬。

3. 信息技术的创新

旅游产业融合的本质在于创新，而旅游创新必须以一定的技术手段为依托。当前，信息技术的发展和创新已成为旅游产业融合的直接推动力，由此引发的信息化成为旅游业融合发展的引擎。

旅游信息化是当前旅游业融合发展的重要特征，在旅游资源整合、设施建设、项目开发、市场开拓、企业管理、营销模式、咨询服务等领域已经广泛应用了现代信息技术，从而引发了旅游发展战略、经营理念和产业格局的变革，带来了产业体制创新、经营管理创新和产品市场创新，改变了旅游产业融合发展的方式，加快了融合发展的深度、广度和速度。如积极将网络信息技术、动漫制作技术等引进旅游业，可以创新旅游宣传、营销方式，加快旅游电子商务的应用，催生如旅游动漫等新兴产业的崛起。信息技术的创新与进步对文旅产业融合发展机理的作用主要体现在以下方面：

第一，旅游技术构成是文旅产业融合发展的基础。旅游技术结构是指服务于旅游各行业、各领域、各环节、各区域、各企业的各类旅游科技资源、技术构成、技术组合、技术配置、技术引进、技术改造和技术嫁接的总和。文旅产业融合发展无论是质还是量，都离不开技术创新与进步的因素。随着文旅产业融合发展步入成长期，旅游企业的不断增加以及消费需求的变化，促使旅游竞争加剧，旅游自然资源的开发不再是旅游目的地的比较优势，拥有技术创新的文化创意旅游以及文旅产品的开发创新，不但满足了游客的感官需求，还充实了其精神需求，技术结构逐渐成为旅游开发的筹码。

第二，技术进步是文旅产业融合发展的基础和动力。技术进步通过渗透与辐射机理来促进文旅产业融合发展的成长，它渗透与辐射到文化产业与旅游产业的劳动资料、劳动对象、劳动力等生产要素并使之发生变化。技术进步提高了文化产业与旅游产业生产要素的质量，以期优化文化旅游资源的配置方式与比例，促使文旅产业成长、成熟。

第三，技术关联是文旅产业融合发展的核心要素。技术关联表现为内在文旅产业产品链的供求关系和外在文旅企业价值链的延伸。文化产业与旅游产业的关联不仅是社会关系的关联，还包括技术关联。不同部门之间发生联系的内在因素是技术，脱离技术水平的文旅产业融合结构是一种畸形的产业结构，是一种缺少内在联系、不能良性循环的结构。文旅企业通过技术创新形成价值网络，依次向前、向后、向旁联系产业，传递与扩散技术。技术不断进步，文化产业与旅游产业就不断融合。

第四，技术的生命周期决定文旅产业融合的发展的生命周期。技术进步是一个逐步积累的过程，根据技术生命周期理论，一项技术从构思、孕育、产生、发展、衰亡到被淘汰为止的全过程，叫作技术的生命周期。因此，文化产业与旅游产业在不同时期对技术进步有不同的需求，例如在文旅产业融合发展的初期阶段，技术日益标准化，侧重于过程创新，技术的引进与开发要求较高；在中后期阶段，注重渐进式创新，文旅产品朝多样化发展，产业融合进入高峰期，要求文旅产品开发不断创新、不断差异化。

4. 旅游产业链的延伸

随着国家经济的发展和社会的不断进步，我国正处于经济转型发展时期，产业发展面临着诸多创新机遇。其他产业与旅游产业融合，一方面是基于产业自身长期发展过程中累积的废弃资源的再利用，以增加产值，提升效益；另一方面，是谋求产业更广阔的发展空间和发展方向。

其他产业基于自身发展需要而主动与旅游产业进行要素的交流、整合，从而导致融合的产生。一些传统产业基于自身发展的需要，开始与旅游业联姻，实现了本产业的资源再利用，提升了本产业的附加值，使得产业链得以延长，本产业的功能置换和创新得以实现。传统产业需要刺激新需求，开拓新市场，开发新产品，培育新业态。旅游业为其提供了一个新的发展方向和视角，这些产业依托旅游业完成了自身的资源再开发，创造了新价值，提升了产业本身的效益，同时，也丰富了旅游业态和旅游产品，延伸了旅游产业链。

三、文旅产业融合发展的互动机制

（一）文旅产业融合发展的政策机制

文旅产业融合发展不仅从微观上改变了产业的市场结构和产业绩效，而且从宏观上改变了一个国家的产业结构和经济增长方式。产业融合是传统产业创新的重要方式和手段，有利于产业结构转型和产业升级，提高一个国家的产业竞争力。在文旅产业融合的新趋势下，应从多个方面来考虑以制定出促进我国旅游产业融合发展的政策措施。

1. 创造良好政策环境，制定融合激励政策

良好的政策环境可以促进产业融合的发展，目前文旅产业融合的实践主要是得益于国家对旅游业和文化业的大力支持，得益于旅游业作为新兴产业，各种管制和垄断尚未形成。但是随着文化产业与旅游产业的不断发展，就会涉及诸多成

熟的经济部门，原有的政策措施或者管制措施如果不及时调整，就会影响到旅游产业融合进一步发展。因此，政府要进行规制调整和机构改革，为旅游产业融合发展创造良好的政策支持环境。

在充分认识企业是文化产业与旅游产业主体的基础上，顺应两者的发展趋势，在观念上进行创新，在战略上实施转变，从多方面、多角度促进企业进行融合。国家通过制定相关的产业、财政税收、金融等政策措施来激发内在的驱动力，鼓励企业进行跨界经营、混合兼并、实施战略联盟等行为，从而实现资源的合理流动，在技术和市场开发方面共担风险。着力培育有竞争力的大型旅游企业，充分发挥大型旅游企业在产业融合中的主体作用。但在促进旅游与其他企业一体化综合发展、做大做强的同时，要防止垄断的产生，以避免市场的畸形发展。

2. 鼓励技术创新，发展旅游教育

从产业融合理论的角度来看，技术创新是技术融合与产业融合的重要条件和保障。技术创新使旅游业和文化业的科技含量不断提高，为文化产业与旅游产业的发展注入新的活力和增添新的内容，加速文化产业与旅游产业的融合和结构优化的步伐，是文化产业与旅游产业的直接推动力。因此，政府应重视和鼓励关联度高的产业技术创新，尽快把一些高新技术，尤其是信息技术，尽快应用到文旅产业中，为文化产业与旅游产业的融合搭建公共技术平台。鼓励与旅游相关技术的研发、推广，对进行技术更新的旅游企业给予政策支持。

在知识时代，唯有重视人才和加强人力资源的开发利用，才能适应社会的发展趋势。文旅产业融合的发展对跨行业复合型人才的需求不断增加，高端、复合型旅游人才是实现产业融合的关键。在旅游教育中，要以大旅游的思维，以产业融合的范式去理解旅游业与文化业的发展空间，培养具有融合战略观、跨行业驾驭能力、高业务水平的人才，以适应未来行业发展的需要，消除旅游产业融合的人才瓶颈。因此，要根据产业动态进行旅游教育体系的调整，既要培养提供行业基础服务的技能型人才，又要培养富于创造性的高级人才。

3. 积极构建促融的宏观、中观、微观体系

文化产业与旅游产业的融合发展不仅可以使二者获得更大的市场空间、增强发展后劲，而且有利于我国实现产业结构的合理化、高级化。政府可积极构建促

进融合的宏观带动体系、中观支持体系与微观引导体系，以促进文化产业与旅游产业的深度融合。

（1）宏观带动体系

在政策上积极引导。制定产业政策时应充分强调文化产业与旅游产业的重要性，深化社会各界对其产业内涵、产业特性及产业运营状况的认识，提高对其发展的重视程度，在相关政策表述中强调文旅融合的发展方向。营造宽松自由的文化环境，鼓励多种形式的文化创新。只有富于特色和创新能力的文化产业才能与旅游产业更好地融合，进而形成优质的文旅产品。打造友好的旅游环境，以开放的姿态走向世界。

在管理上密切合作。根据目前的体制，我国的旅游工作和文化工作是由两个不同的部门分别来进行管理，所以要实现文化与旅游的深度融合，就需要加强两方面各个部门的协同配合。工作中应注意理顺工作关系，消除融合障碍，建立旅游与文化部门的联合工作机制，及时解决两大产业之间的问题，妥善处理产业发展关系，规范行业发展，实现互动共赢的局面，为两大产业深度互融扫除体制性障碍。

在技术上引领发展。技术的进步是文旅产业融合发展的必要条件，技术研发耗资巨大，需要政府的大力资助和扶持。在这方面，政府应起到鼓励科研、引领创新、推动融合的作用。

在实业上示范带动。政府的经济行为对市场具有一定的导向作用，通过政府牵头，兴建一部分产业融合的标杆示范项目，如建立具有旅游功能的文化产业园区、博物馆、主题公园等，均会对经济主体产生示范带动作用，进而达到促进文旅融合的目的。

（2）中观支持体系

切实落实政策。对于国家关于促进文旅产业融合发展的纲领性文件，地方上应认真学习、深刻领会，并根据各地不同的资源禀赋及产业特征制定出具有针对性的产业融合策略，把国家的产业引导政策落到实处。

城市鲜明定位。给自己的城市以鲜明定位，以定位促融合，这是很多城市的常用策略。鲜明的城市定位就好像一个产品的品牌一般，昭示了该产品的文化内涵与产品宗旨，使人一目了然、印象深刻。

整体发展观念。采用整体发展的思路促进文化产业与旅游产业的融合，以达到集体效应最大化，这是一种经济共赢的表现，具体包括圈层建设与产业集群两方面。要落实文化产业与旅游产业的融合政策，地方政府应站在大文化、大旅游的高度对二者进行整合，有条件的地区可规划"文化圈""旅游圈"等圈层，实现地区间的整体发展。文化产业与旅游产业可以通过集群化发展共享基础设施和市场资源，减少交易费用，降低成本。同时，二者还可以借助集群化的优势，敏锐地获得双方的最新市场状况，及时做出产品与运营方面的调整，实现实时融合；游客也可以方便地在二者的聚集区获得更多更好的文化与旅游服务，使供求双方均产生增益。

（3）微观引导体系

经济性与科学性相结合。在开发文化旅游资源时，政府和企业不仅要关注资源的经济性，还要注意资源开发及管理过程中的科学性。资源管理也要具备科学性，对于已经开发的资源，要科学管理、科学维护、科学发展。

融合产品的市场性与创新性相平衡。很多旅游产品在与文化的融合过程中会涉及文化原真性的问题，政府应积极引导运营主体注意尊重文化的原真性，有些项目甚至有必要请有关方面的专家进行论证，不能只注重产品的市场性而忽略其文化真实性，应做到原真性与市场性的平衡。

（二）文旅产业融合发展的组织机制

产业融合往往发生在产业的边界和交叉处，必然带来产业边界的模糊或消弭，并通过市场融合改变传统的市场结构，使其发生更为复杂的变化。产业融合建立了产业、企业组织之间新的联系，促进了更大范围的竞争。有的企业在这个过程中结成联盟、加大合作，有的企业则破产倒闭、合并重组。组织的融合主要体现在产业融合对市场结构、市场行为、市场绩效这三个方面的影响和改变。融合的生产力必然带来融合的生产方式，新的组织形式也在这样的过程中演化而成。

在旅游产业融合发展的过程中，旅游业的产业环境、市场环境、组织环境均发生了巨大的变化，这些变化对旅游组织的影响尤为深刻。旅游企业在充分考虑市场的供求条件以及自身与其他企业关系的基础上，必须在产业融合的过程中对企业的战略选择和经营模式进行调整，采取新的竞合战略。许多旅游企业都围绕着产业融合的核心内容进行开放式经营，借助外界技术革新和政策条件的支持同别的企业建立开放合作的企业间关系。

1. 发展多元化旅游集团

纵观国际旅游企业发展的轨迹，旅游组织在经过扩张发展之后往往成为具有较强实力的大型旅游集团。为了适应产业融合的发展态势，多元化旅游集团将是旅游组织的发展趋势之一。

例如，成都文旅集团的业务范围涵盖历史文化街区开发、古镇开发、主题乐园开发、综合旅游度假区开发、大型体育场馆运营、旅游网站运营、节庆展会运营、文化演艺、旅游纪念品开发等业务，通过开展多元化经营，"发展大旅游、形成大产业、组建大集团"的多元化旅游集团形象已基本成形。

2. 构建旅游企业战略联盟

在产业融合的背景下，市场竞争日趋激烈，如果一个企业不能处理好与其他企业的竞争合作关系，那么这个企业可能就会停滞不前甚至于会衰落。旅游产业融合涉及两个或多个产业，构建联盟已成为融合中的相关组织进入对方市场的重要方式，并成为组织快速成长的主要战略方式之一。

组织层面的融合对于旅游产业实现真正意义上的融合尤为重要，为了顺应产业融合发展趋势，在新的产业环境中占据有利位置，有必要积极主动地进行自我调适，以适应新的竞争与合作关系。

（三）文旅产业融合发展的市场机制

在市场经济体制中，旅游与文化产业的规模通常由市场供求双方力量对比后自发确定，旅游市场机制因之成为配置旅游资源的有效途径。

1. 文化产业与旅游产业市场主体行为规范相关机制

在市场经济条件下，市场经济主体的经营权利和义务是其从事经济活动必备的前提和条件。为了保证旅游经济活动中各经济主体的权利和义务，保障各经济主体在其权利受到侵犯时，能得到充分的法律保护，就必须建立和完善使文旅市场主体行为规范的法律体系。

2. 旅游市场秩序管理相关机制

在市场经济体制中，文旅市场主体的活动及市场机制的运行都要求具有正常化、规范性的旅游市场秩序，否则就会阻碍文旅市场机制的有效发挥。从目前看，我国需要建立和完善的文旅市场秩序的法律体系主要包括以下三个方面：

第一，有关文旅市场进退的法律，即对各文旅市场主体进退市场的审查、成立、管理、破产等法律、法规的建立，使所有文旅市场主体的全部活动都有规范性的法律依据。

第二，有关文旅市场竞争秩序的法律，即以市场活动为中心，制定有关文旅市场竞争的法律，规范文旅市场的竞争行为，维护公平的市场竞争秩序，促使各市场主体平等地进行交易活动，公平地参与市场竞争。

第三，有关旅游市场交易秩序的法律，即通过制定有关法律，实现交易方式规范化、交易行为公平化、交易价格合理化从而规范文旅市场的交易秩序，维护各市场主体在交易中的权利。

3. 文化与旅游宏观管理相关机制

为了促进旅游业的可持续发展，必须把文化产业与旅游产业的宏观管理建立在充分运用法律手段的基础上，建立和完善有关文化与旅游宏观管理的法律体系：①制定宏观调控的法律，以使价格、税收、外汇、信贷、开发建设等方面的法制化，既保证国家对旅游经济和文化经济的宏观调控力度，又为旅游企业和文化企业经营的规范性、灵活性、自主性提供保障；②进一步完善涉外法规，促进文旅产业的对外开放和国际性接轨，加大利用外资、引进技术、扩大交流和对外合作的步伐，使旅游与文化产业成为对外开放的先导产业。通过建立和完善文化与旅游宏观管理的法律体系，有利于规范政府的管理行为，使政企之间的职责以法律形式明确下来，提高国家对文化产业与旅游产业的宏观管理能力和水平。

市场机制决定着文化产业与旅游产业的未来。强化市场机制，加强宏观管理是发展文旅产业的关键所在，要审时度势，要敢于前、敏于行，按照市场规律科学定位，寻求经济利益最大化。在现代市场中，旅游企业和文化企业应把满足旅游者的需求放在首位，只有充分满足旅游者的需求，企业才能生存发展。旅游者的需求存在差异，旅游企业受技术、资源和管理能力的限制，不能占领所有的细分市场，只能根据自己的任务、目标和内部条件等，选择对自己当前和今后一段时期内最为有利的一个或几个细分市场作为营销重点。

（四）文旅产业融合发展的创新机制

随着经济信息化和网络化的发展，创新日益呈现出明显的集约发展趋势。技术创新就是一种新的生产函数，是将一种从来没有过的生产要素和生产条件的新组合引入生产体系。技术创新是文旅产业融合发展的必要条件，技术研发耗资巨大，需要政府的资助扶持，在这方面，政府创新机制、引进人才、推动融合的作用显而易见。

创新是一个国家和民族进步的灵魂，更是文化产业的生命力所在。文旅产业融合发展涉及旅游产业各个要素、各个环节的创新提升。推动文旅产业融合发展，需要创新发展理念、加强顶层设计，不断完善相应的创新机制，大胆解放思想，深入探索推进两大产业融合发展的管理体制、工作机制，形成协同发力、合作共推、相互支持、相互促进的体制机制；适时制定出台诸如产业集群打造、龙头企业培育、品牌项目开发、专门人才培养、投融资体制改革等政策措施，有效发挥政策的驱动和激励作用；积极推进旅游区域合作，形成资源共享、市场共有、互利共赢的发展格局。文化产业与旅游产业都是创意产业，而文旅产业融合发展更是其创意的具体展现，需要强有力的人才储备和技术支撑。为此，要对文化产业与旅游产业面临的问题进行深入的改革，大力培育集旅游与文化于一身的复合型人才，以此提升两大产业融合发展的技术水平。同时，大力发展自主知识产权，从而推动文旅产业融合发展的理论研究。

1. 创新示范

文化产业与旅游产业创新机制构建的目的在于填补在文化旅游创新平台中被确认优先发展的缺口，努力实现先前所确定的战略目标和新组织机制。文旅产业创新机制是创新体系内各主体间的作用机理，通过加强企业、民众、政府、旅游院校和科研机构、中介机构这些创新主体之间的相互作用、相互影响，以此共同促进体系内文化旅游创新能力培育与成长。良好有效的文化旅游创新环境和平台以及文旅产业创新机制都需要企业、民众、政府、中介机构及旅游院校和科研机构的共同打造。

文化产业与旅游产业创新体系中某些主体的创新已获得成功，获得了较高的经济效益、政治效益、文化效益和社会效益。体系中的其他主体受利益驱动，引发模仿和攀比效应而进行创新活动。

2. 需求拉动

需求是人类社会向前发展的基本动力。同时需求也具有异质性，不同类型的要素基于自身的特征会有不同的需求。在文化产业与旅游产业创新体系中，各要素参与创新主要是通过多种需求的拉动而实现的。

第一，市场需求带动的经济效应刺激创新。旅游者对文化旅游创新的需求，直接刺激着文化产业与旅游产业的创新。随着经济社会的持续快速发展和人民生活水平的不断提高，文化旅游的需求日益增大，需求质量不断提高，且旅游者的需求处于不断的变化之中，其多层次、多方面、多样化的特征愈加明显。文化产业与旅游产业只有对文旅产品进行不断的创新，才能创造出更多高品位、高质量的文化与旅游产品，提供优质的、满足个性化需求的文化旅游服务。

第二，社会文化需求带动的社会文化效益激励着创新。文化旅游资源中许多都是文化遗产，文化遗产的传承保护需要在创新性的开发中得以实现，社会效益推动政府、文化资源管理组织、民间团体、民众也积极地参与到文化旅游创新中来。

3. 利益驱动

文化旅游消费者需求的满足能够使企业获得更多的经济效益，利益是经济社会活动的归结点。不同的社会形态主要表现为利益分配机制的不同，要素分配和产权的界定决定了社会的基本属性，追求个人利益是社会发展的原动力，同样也是文化旅游创新的驱动力。文化旅游创新体系要充分发挥个人的能动作用，完善利益分配机制，保护并充分激发文化旅游创新的原动力，利用市场手段来实现对利益的有效分配和引导是文化旅游创新体系设计的根本出发点。

同时，文化旅游创新还具有一定的社会人文价值，能产生良好的社会文化效益，现代社会中政府、企业、民间组织、个人在积极追求经济利益的同时，也越来越重视社会文化效益的作用。

4. 竞争促动

竞争是创新的动力，尽管市场竞争十分激烈，但为了生存和长远的发展必须走出价格战等竞争误区，坚决走创新之路，竞争的存在也是文化旅游创新的一大外部推动力。

依据旅游产品生命周期理论，旅游产品都会经历一个产生、发展、成熟、衰落的过程，为了谋求自身的生存空间或扩大竞争优势，竞争各方应努力进行创新，此时，竞争是外在的、胁迫性的动力，故称之为促动力。竞争中的互动成为文化旅游创新主体相互作用的主要内容，此处的竞争包括市场竞争，也包括文化竞争，在全球化的今天，文化软实力已经成为各国竞争的重要因素。一个民族或国家，只有不断地进行文化创新，将本民族的文化传统发扬光大，同时积极汲取外国的优秀文化成果，去粗取精、积极创新，才能在世界民族文化之林中立于不败之地。文化创新与文旅产业创新是增强文化竞争力的不竭动力。

5. 技术推动

技术的革新是推动文化旅游创新的重要力量，在文化旅游创新中，传统景区的升级改造、人造景观及娱乐场所的建设、饭店的建设、市场的营销和管理等都需要先进的技术支持。现代的通信技术、网络技术、数字技术等的应用，使文化产业与旅游产业的创新获得了空前广阔的发展空间。

加速新技术的应用和发展，有利于知识、信息在体系中的快速传递，有利于文化内涵表现形式与体验形式的不断更新和丰富。

第二节　文旅产业融合发展路径

一、文旅与城市文化的传承与创新

文旅与城市文化之间的关系：一方面，文旅中的凭借物和吸引物来自城市文化资源；另一方面，城市文化的传承、保护、活跃以及创新则离不开文旅活动的刺激。文旅以一定的路径影响城市文化传承，城市文化创新为文旅提供利用形式。

（一）文旅促进城市文化传承

保护有形物质文化，承袭非物质文化遗产，属于城市文化的传承工作，这为文旅提供了丰厚的资源。文化传承的动力固然有自发性的原因，但在很大程度上是因为人们文化保护意识的增强，其最直接的表现形式就是文旅活动。文旅促进城市文化传承的路径主要有实物展示、文化空间的非物质展示以及传媒展示。

1. 实物展示

实物展示通常是以静态方式展示，亦即博物馆式的展示。博物馆里常展示的是文物，如古老的具有历史纪念意义的瓷器、钱币、器皿、雕刻、字画、书籍、服饰、家居等，就单件展品而言，其体现的主要是欣赏价值，或者精美绝伦，或者粗犷古朴，而若将这些单类展品按一定的规则加以编排，人们则可以得到较为系统的了解。

实物展示通常还会配上简短的文字介绍或者语音解说，这样可以使人们获得更加直观的感受。而如果想置身到古朴的传统文化中，感受传统文化的古朴氛围，还可以参观、游览古建筑、古城、历史街区，或者一些保存较为完好的社区生活空间。这些建筑、生活空间里一般也采取博物馆式的实物展示，如颐和园、苏州园林、故宫、平遥古城等，当然，还有一些保留了原来的实用功能，如西藏布达拉宫、嵩山少林寺、丽江古城等。

2. 文化空间的非物质展示

文化空间是指定期举行传统文化活动或集中展现传统文化表现形式的场所，区别于生活空间，是非物质文化遗产领域的一个特有概念。非物质文化遗产的种类形式有很多，如手工艺、饮食文化、风俗、语言、文学、音乐、舞蹈、传说、神话等。但是，文旅活动通常不会单一地利用当中的某一种非物质文化遗产种类，而是利用融会并集中各种表现形式的文化空间。这样的文化空间如传统节日、祭祀活动，或者一些具有民族特色的歌舞表演等。

3. 传媒展示

传媒展示即通过媒体展示传统文化，如书籍、画册、音像制品、宣传短片、纪录片、电视节目、影视剧等，其题材内容为建筑、绘画、舞蹈艺术等传统文化。一些观光网站及网络媒体也可以对传统文化进行宣传推广。诚然，网络媒体本身不能直接被文旅活动使用，但在宣传推广方面可以起到很大的作用。它一方面刺激人们潜在的旅游动机；另一方面可以挖掘更多文旅的潜在客户，让更多的人关注文化遗产，保护文化遗产。

在发展文旅产业的过程中，由于文旅者的需要，旅游经营者和旅游目的地居民会更加留意挖掘城市文化，挽救原本缺乏生命活力或濒临灭绝的文化遗产，让旅游者重新体验其魅力。诚然，传统文化经过重新包装和处理，相关旅游产品由于脱离存在的社会基础而不得不面临只有空壳没有文化内涵而舞台化的风险。但是，这依然在很大程度上将人们保护与传承传统文化的意识与热情调动了起来，意义还是很积极的。

（二）城市文化创新为文旅提供利用形式

1. 流行文化

流行文化这个概念很宽泛，很笼统，它几乎综合了所有按一定节奏、一定周期、一定地区甚至全球，在各个阶层中广泛传播的文化，如时装文化、消费文化、休闲文化、都市文化、大众文化等。在这里，流行文化主要是指以影视及文学作品为核心的、能与文旅发生直接或间接作用的现当代文化现象。

影视及文学作品中出现的建筑、特定的场景空间，随着作品的广泛传播而被受众熟知，由于情节、拍摄技巧等各方面因素的作用，令人产生向往之情。

影视节目的播放，当中所涉及的场景地及其传统文化可以起到很好的宣传推广作用（其实就相当于前面提到的传媒展示），同时又通常赋予场景地新的文化内涵，成为新的旅游资源。

此外，流行音乐、民歌或潮流服饰虽然不会直接成为旅游资源，但可以通过潜移默化的方式培养旅游者的好感和向往，间接促使旅游动机的形成。

2. 主题公园和娱乐场馆

主题公园及娱乐场馆是人类根据特定主题，采用现代科学技术手段和多层次活动设置方式，建造集娱乐、休闲、服务于一身的接待设施，使其成为旅游目的地。这些场馆或者突出娱乐休闲功能，如大连的"发现王国"，华侨城集团在各大城市建立的欢乐谷主题公园；或者突出游览、游乐、科普及文化意义功能。

建立主题公园对自然、文化环境没有特别需求，因此比较适合传统旅游资源匮乏的地区。但是，建立主题公园也并不是万能的，如果大量重复建设，通常不会带来理想的客流，而且会加重企业、城市的负担。因此，建立主题公园的时候，一定要结合当地资源赋存以及客源市场潜力的实际情况，形成差异化的定位模式，不应盲目照搬、重复投资。

3. 空间功能改造

空间功能改造，一般的做法就是改造、置换市区内一些已经失去活力的工业区、居住区的功能，使其重新焕发生机，成为独具风貌的城市商业、文化及艺术中心。

空间功能改造的意义在于，它可以在最小破坏程度范围内改造城市的原有建筑肌理，完成城市中心区的功能改造工作，从而打造出污染小、可持续性强的城市新空间，最终促进当代城市的发展。

4. 产业或行业聚集地

产业或行业的聚集地与空间功能改造有相互交叉的地方。

此外，一些农业及工业园区也可以开发成重要的文旅资源。例如，市郊可以根据实际情况，将生态农业、观光农业、各种水果蔬菜的采摘节进行有机结合，发展成文旅目的地；工业产业园还可以进行工业旅游等。旅游者通过农业旅游产品、工业旅游产品，了解、体验企业文化、产品的生产制作工艺等，从而达到文旅目的。

二、文旅对城市文化发展的意义

（一）复兴旧城区

文旅活动的开展在很大程度上起到了复兴旧城区、保护文化资源的作用。老城区里濒临没落或已经没落的古老建筑、建筑群以及历史街区，因为大量旅游者的到访而重新焕发生机和活力。

注意保护城市环境，严格控制历史保护区的新建筑。关于老城区更新问题，蒂斯戴尔等人认为，城区更新不但要更新物质、经济，还应该开展适度的文旅活动，以保护、恢复城市旧有肌理，同时为城市发展提供新的经济增长点，创造良好的社会文化氛围，这对本地居民及旅游者都是有益的。随着对旅游经济潜力认识、研究的深入，人们基本上达成了这样一个共识：保护风景和历史遗产可以获得巨大的回报，从而将之视为一种投资行为。

文旅经营所获得的资金用于维护、保养遗址遗产，同时用于改善社区的社会经济条件。满载历史遗产的文化名城可以直接变成文旅资源，因其兴建起的各种文化场馆，不但可以吸引旅游者，还可以丰富当地居民的文化生活内容，成为公共休闲场所。

文旅虽然可以在很大程度上起到保护城市历史感、保护文物的作用，但从人类学以及社会学的角度来看，不同亚文化之间一般存在着矛盾冲突。此时，人们有选择先进文化和现代生活方式的自由。因此，要保证文旅得到可持续发展，就要重视协调好各方的利益纠纷。

（二）营造良好的社会氛围

吸引旅游者到访目的地的景点是整个城市及其独特的氛围。作为文旅中的一种吸引要素，历史景观的重要程度远远大于实际可能发生在这种环境中的活动。

城市中一些濒临失传或消失的工艺技术、艺术形式，因为文旅活动的开展而得到传承发展；各种不同群体的文化因为文旅活动的开展而得到交流、融合，从而为城市文化空间及社会环境营造良好的文化氛围。实际上，安定平稳的社会环境维持了文旅活动的正常开展。只有安全稳定的社会环境，人们才会出于愉悦身心的目的选择文旅活动。可见，文旅同社会环境之间的关系是相辅相成、相互推动的。

丰富多彩的文化生活可以开阔人们的视野，激发、满足人们的学习愿望，良好的文化氛围也有助于整体提高城市居民的城市自豪感。

（三）提升城市形象和竞争力

1. 拓展城市功能

城市功能是指城市在经济、政治、文化生活中所承担的职责和起到的作用。从作用范围、辐射等级来看，城市功能还可分为一般功能和专项功能，前者是指每个城市都具备的、服务于本地居民的职能，后者则是指城市在区域或城市间向外提供的突出性职能。城市功能不是各种具体功能的简单相加，而是使城市里的物质流、资金流、信息流、人口流、智力流、能量流等快速聚集、快速扩散，从而发挥出一个有机整体强大的集聚经济效应和辐射扩散效应。

旅游是城市功能的重要组成部分。对于一般城市而言，兴办文旅活动，可以带动各种文化场馆、文化设施的兴建，如博物馆、美术馆、剧院等，由此扩充城市交通、服务、金融等行业的接待能力，从而强化或进一步提升城市在文化、科教、休闲及旅游等方面的功能。而对于传统旅游城市而言，兴办文旅活动，可以重新激发其原本使用频率低、功效单一的文化设施的活力，增强其吸引力，为旅游所用，丰富城市旅游产品内涵，拓宽旅游市场客源。

2. 提升城市形象

城市形象，其实就是人们对于某一城市的第一感官印象。一个城市如果拥有良好的形象，不但可以增强自己的吸引力，激发外地旅游者对该城市旅游的向往之情，而且可以增强本地居民的市民身份认同感和形成良好的文化归属感。文旅对城市形象的影响表现在以下两个方面：

（1）对城市视觉形象的提升

文旅活动的开展，使得城市中的很多可视因素如街道、建筑、布局等变得更加统一，更有文化感，与城市特定的文化氛围相协调统一。文旅活动的开展，带动城市兴建各种地文化场馆、酒店、旅游景区景点，完善城市功能，丰富城市形象内容。文化节事以及展览展会等活动的展开，给城市带来了经济效益和社会效益，为外界了解该城市的发展提供窗口。

（2）对城市文化品牌的提升

文旅不但可以提升有形的城市形象，还可以为城市营造良好的文化氛围，使旅游者体会到城市特有的文化韵味。每个城市因不同的文化要素而形成独有的文化风格，与其他城市有所区别，促成城市间不同文化品牌的形成。

（3）提升城市竞争力

提升城市竞争实力，不但要拉动"硬实力"中的经济、政治、产业门类等，同时也要促进"软实力"如文化等的发展。在科学合理地利用目的地的前提下，城市文化可以转变为文化资本，这种资本清洁环保，可供大量出口，促进跨区域合作，从而有效带动区域经济增长。

文旅给当地城市经济带来极大的经济利益，并提供大量的就业岗位，同时丰富当地社会环境的文化内涵，增强环境竞争力，树立目的地良好的城市形象。可以说，城市或者区域旅游发展及其竞争力水平正日益成为衡量城市综合竞争力水平的重要组成部分。

第四章　旅游产业与文化产业融合发展的手段和模式

第一节　旅游产业与文化产业融合发展的手段

一、旅游产业与文化产业融合发展的市场整合手段

市场整合理论是在实践中不断发展和完善的，而旅游市场和文化市场整合理论也不断演化和发展。旅游产业与文化产业融合发展的市场整合手段可以细化为旅游市场与文化市场的空间市场整合、旅游市场与文化市场的营销阶段整合和旅游市场与文化市场的时间整合。接下来将对这三种市场逐一进行阐述。

（一）旅游市场与文化市场的空间市场整合

众所周知，旅游产业与文化产业融合发展会形成一个新的产业——旅游文化产业，在旅游文化产业领域所生产的产品即旅游文化产品。旅游市场和文化市场的空间市场整合是研究某一旅游文化产品市场价格变化对另一旅游文化产品市场价格变化影响的程度。从理论上讲，在完全竞争的假设下，处于不同区域的市场之间进行贸易时，某产品在输入区的单价等于该产品在输出区的价格加上单位运输成本，如果输出区的价格变化会引起输入区价格的同样方向和同等程度的变化，则称这两个市场是完全整合的。空间市场整合通常可分为长期市场整合和短期市场整合两种。长期市场整合指两个市场的价格之间存在长期的、稳定的联系，即使这种长期均衡关系在短期内被打破，最终也会恢复到原来的均衡状态。短期市场整合指某一市场上该产品价格的变化会立即在下一期引起另一市场上该

产品价格的变化，它反映了市场之间产品价格传递的及时性和价格反映的敏感性。如果某个国家的任何两个市场之间都是整合的，则称这个国家的市场是整合的或一体化的。实际上，任何一个国家的市场都不可能完全整合，完全整合是一种理论上的状态。

（二）旅游市场与文化市场的营销阶段整合

营销阶段的整合是指不同营销阶段的整合，主要研究同一商品在某营销阶段的价格变化对下一阶段价格变化的影响程度。如果某商品在不同营销阶段的价格满足"下一阶段价格＝上一阶段价格＋营销成本"，则此营销阶段之间是整合的。如批零市场整合，即某商品的批发市场和零售市场之间的整合。

所谓旅游市场与文化市场的营销阶段的整合，是指旅游文化产品不同营销阶段的整合，主要研究旅游文化产品在某营销阶段的价格变化对下一阶段价格变化的影响程度。如果旅游文化商品在不同营销阶段的价格满足"下一阶段价格＝上一阶段价格＋营销成本"，则此旅游文化产品的营销阶段之间是整合的。

（三）旅游市场与文化市场的时间整合

市场的时间整合主要研究某商品的现期价格变化对后期价格变化的影响程度。当满足"后期价格＝现期价格＋储藏费用"时，则称为时间整合。

所谓旅游文化市场的时间整合是指时间整合主要研究旅游文化产品的先期价格变化对后期价格变化的影响程度。当满足"后期价格＝现期价格＋储藏费用"时，则称为旅游文化市场的时间整合。

二、旅游产业与文化产业融合发展的营销整合手段

营销整合的概念源于管理学。在管理学领域，营销整合所要解决的关键问题是企业与外界的融合问题，即在整合基础上实现与竞争者"和平共处"，让消费者高度满意。现将营销整合视为旅游产业与文化产业融合发展的手段，则是指以游客为中心，对不同地市、不同资源的相关营销因素进行重组，统一旅游与文化的发展目标，统一区域或地区文化旅游的整体形象，以此来传递给国内外游客文

化旅游的综合信息，实现吸引游客的目的。旅游文化企业的营销整合主要从两个方面来展开：

（一）景点营销整合

就单一景点来说，要从内部提高旅游文化景点的文化内涵，根据不同地区的特色资源及重要营销事件来构思不同的营销方式。

第一，对于国际公认、知名度高的优秀旅游资源，如平遥古城、清明上河园、云冈石窟、张家界森林公园等，可以遵循"大景点支撑"的理念，在发展时直接把现实的旅游文化资源开发成旅游产品，并保持其原貌，形成精品旅游景区，构成国际旅游文化体系中的尖端旅游文化产品。

第二，对已失传的传统文化，可以按照历史记载，挖掘题材，恢复历史面貌，以人造景观的方式历史再现民族文化。例如，山西襄汾"丁村古村落"便适合这种模式，通过仿照当年格式的建筑及民俗，向游客表演如何使用原始农具耕作、原始车船运输等古老的传统风俗以及各种民俗，再现了当年远古人类劳动和风俗习惯，以此来吸引大量国内外游客。

第三，对一些传统民俗节日和历史事件的发生地，可以借助具有一定时效性的旅游事件，构成区域文化旅游活动的时间多样性，借此进行整合。如通过举办牛郎织女旅游文化节、峨眉山国际旅游节等营销事件进行旅游营销。

第四，对于包公祠一类的文化景点，可以在旅游旺季特别是五一、十一黄金周以及民俗节假日，由文化传播公司联合承办节庆演出，并与新闻媒体紧密结合进行广告造势、亮点宣传，重点突出大宋包公文化，依托影视宣传来扩大知名度。如开封连续多年举办"菊花节"，利用这个独创性载体，通过新颖的系列文化活动以及与国内外游客的交流，大幅提升开封古城的知名度和美誉度，同时让国内外游客了解开封，关注开封，从而提升开封的经济和社会效益。另外，近年来开封影视剧发展迅速，成效显著，借助《包青天》《少年展昭》等影视剧为开封的旅游业发展进行宣传造势也渐露成效。

第五，对于一些民间文学的发生地景区，可以采用情景营销方式进行整合。即在旅游过程中给游客塑造一种小场景，使顾客身临其境地感受到自己成为情景中的一个角色，打造"角色融入式旅游"。或者以拍电影的形式将旅游地的文化做成剧本，角色由游客来饰演，制成简短的电影片段，向游客收费后，由其自己保管。在这方面可以尝试的景区有《西厢记》故事的发生地山西永济、牛郎织女传说的发生地山西和顺、赵氏孤儿传说的发生地山西阳泉等，这些地区均可以借助旅游文化节庆，利用这些美丽的传奇故事，通过互动参与的方式，以一种人们喜闻乐见的鲜活的形式来吸引游客。通过这样的营销创新，既可以增加旅游地的吸引力，又使游客感觉充实，提高整合效益。

第六，从游客层面来讲，鉴于游客对文化旅游的热衷逐步升温，因此应结合游客的需求进行分门别类的文化旅游开发及营销整合。有调查表明，游客群中男女比例相当，因此在资源的开发和项目的设置上应该注重男女游客的统筹兼顾；游客群的年龄比例以青壮年（18~34岁）为主，老年人也占据相当大的份额，因此在旅游路线的设计上应该主动迎合这部分游客的需要，分层次分群体进行营销；游客群的职业构成上，教师、学生以及企事业单位工作人员占据主要地位，因此应该侧重于对学生群体的营销，加大对学术游及探秘游等新兴路线的宣传，同时针对这一群体推出比较便利和优惠的旅游路线；在旅游方式上，自助游和自驾游逐渐成为主流，因此应该加大对自助游和自驾游等基础设施的建设。总之，从游客的需求和特点出发，进行针对性的宣传和旅游促销意义重大。

（二）区域整体营销

就不同地区之间的营销整合而言，主要是对营销方式、营销人才的整合。中国地大物博、人口众多，各地区在经济发展、交通网络、资源禀赋方面各有差异，地域之间的营销整合主要是以旅游产业与文化产业为核心点，建立有效的营销服务平台。在营销理念方面，各个地区要保持一致理念，致力于将中国打造成为全国旅游文化基地，在类似及互补资源方面要坚持营销方式与资源存在方式求同存异的观念，通过有力的宣传促销来创造强有力的旅游文化品牌；在营销环节上，要与旅游文化产品的开发紧密相扣，使得游客充分参与强力旅游文化品牌，体验品牌的多层次、多样性，同时通过营销方式的整合及旅游文化产品的设计，满足游客的层次化、定制化、特殊化旅游需求；在营销人才上，要加强国内各地区以及省际旅游营销人才的合作与交流；在营销方式上，要借鉴运用分类营销、捆绑营销、有奖营销及季节营销等新型营销方式，使营销宣传的旁侧效应最大化。通过这些举措真正达到营销资源共享、营销人才共创、营销创意共思、营销效果共喜的整体营销整合局面。

三、旅游产业与文化产业融合发展的政策整合手段

（一）政策整合概述

旅游产业和文化产业在我国国民经济与社会发展中的重要作用受到中央政府的高度重视，旅游产业和文化产业融合发展已开始融入国家经济社会发展战略体系。为了保证旅游和文化业的可持续发展，健全旅游产业和文化产业的政策是必然选择。

政策整合是政府为改变产业间的资源分配和企业的经营活动而采取的政策，旅游产业和文化产业政策整合实际上是政府为了实现一定时期内特定的经济与社会发展目标而制定的针对旅游产业和文化产业发展的许多相关子政策的总和。政府一般通过制定政策整合来有效地对旅游经济进行干预。通过制定符合本国国情的旅游和文化产业政策，国家能有效地提升旅游和文化业的国际竞争力，促进旅游产业和文化产业的可持续性发展。健全我国旅游产业与文化产业的政策整合的必要性主要表现在以下方面：

1. 符合国家产业发展的重点

从经济产业特征和发展前景来看，健全我国旅游产业和文化产业政策整合符合我国产业政策制定纲要的重点工作方向。旅游产业与文化产业是朝阳产业，正处于新兴发展阶段，发展后劲十足。国家把旅游和文化产业确定为第三产业的重点，明确将其作为第三产业中"积极发展"类产业重点发展。

2. 符合经济发展的客观要求

旅游产业和文化产业的发展能扩大内需，这是不容置疑的。从发挥旅游产业和文化业扩大内需的功能来看，加快制定政策是必然的选择。把旅游产业与文化产业确定为国民经济的新增长点，这种提法就是从旅游产业和文化产业扩大内需

潜力的基础上论证的。为了实现我国经济的快速、持续增长，加快制定旅游产业和文化产业的政策也是发展市场经济的客观要求与必然选择。

3. 符合旅游产业与文化产业本身的特点

旅游产业与文化产业的融合具有依托其他行业及与其他行业有很大的关联性等特点，它的发展会涉及许多部门和行业，需要各个部门之间的有机合作，往往某一个旅游部门或者某一级政府是不能完成的，需要通过国家的产业政策加以宏观指导，这也是确保国家对旅游业和文化业发展有效推动和调控的手段。

4. 政策制定具有现实可能性

目前，我国制定产业整合政策的条件已经成熟。实践中，我国旅游产业和文化产业发展的方向性、原则性、趋势性问题已经比较明确，这些有利条件决定了我国出台旅游产业和文化产业的政策整合具有现实可能性。虽然各地方政府纷纷出台了发展本地旅游产业的若干政策，国家也制定了一些相关的政策，但我国还没有出台一整套关于旅游产业和文化产业的政策。

5. 政策制定具有现实必要性

旅游产业和文化产业发展速度相对缓慢，不同地区之间更是相差悬殊。基础设施的制约因素大范围存在，旅游产业与文化产业的整体效益难以得到发挥。国内知名的品牌产品少，市场竞争力不强。旅游产业和文化产业融合程度低，产业结构有待调整完善。相应的旅游产业和文化产业发展的政策滞后，也没有配套出台融资、技术、税收等方面的优惠政策等。另外，旅游与文化管理机构行使职权缺乏强有力的法律支撑，一直是我国旅游产业和文化产业发展与国际水平同步的瓶颈问题。我国颁布实施的相关法规还远远不能满足现实需要，地方性的相关法规往往与其他行业的管理内容杂糅在一起，因而管理部门在对行业主体进行管理时无据可依。

（二）旅游产业和文化产业政策整合策略与政府调控思路

1. 把握旅游产业和文化产业政策制定的主体

首先，发挥政府的主导作用。充分发挥政府的指导、引导和倡导作用，为旅游产业和文化产业的发展创造良好的社会、经济、文化和自然生态环境。旅游产业与文化产业的高效持续发展需要政府对其进行规划、规范、指导和控制；要发挥各级政府部门、职能部门的领导调控作用，同时需要处理好各级政府与企业及市场间的关系；要明确旅游产业和文化产业的管理主体、管理权限，防止管理混乱、令出多头的现象；要形成产业调控能力，加大政府导向性投入，广泛地调动起全社会投资发展旅游产业和文化产业的积极性。总之，通过政府的调控，资源可以得到有效的配置，从而保护旅游企业和文化企业的经济利益。随着我国政治体制与经济体制改革的深入，政府主导型产业势必会产生转化，演变为政府指导型、政府协调型产业。

其次，企业层要深化改革。按照市场经济要求，要改革旅游与文化企业体制，积极推进多种形式的产权制度改革，搞活中小企业。一方面，走集约化经营道路，调整旅游与文化企业结构，实现跨地区、跨部门、跨行业的集团化大型企业、专业化中型企业、网络化小型企业的企业格局，创新企业的经营模式。另一方面，积极吸引国际资金、社会资本。要使民营资本进入旅游与文化行业，参与开发建设与经营，建立多元化投入的市场运作机制。

最后，根据比较优势理论，加快培育旅游企业竞争力，增强竞争意识。

2. 探索完备的旅游产业政策体系

根据市场的发展需要，国家制定和完善旅游和文化政策，明确旅游与文化经济的发展方向，指导旅游与文化经济的全面发展。这些政策主要包括以下方面：一是产业定位政策问题。即要明确旅游与文化业在国民经济中的地位，这是一切具体政策的源头和根本。二是产业导向政策。即旅游与文化业发展所应坚持的原则和方向。三是产业市场政策问题。明确和强调市场导向的观念，是市场经济对产业政策的基本要求。四是产业布局政策。产业布局的宏观调控政策的目的和作用主要是调整结构、转变增长方式。其中包括经济结构调整、产业结构调整、产品结构调整等。五是产业投入政策问题。国家应鼓励社会各方面对旅游与文化业的投入，贯彻"五个一齐上"和"内外资并用"的方针。六是产业组织政策问题。国家应要求加强旅游与文化市场主体的培育，为旅游与文化企业创造公平竞争的发展环境，实施适合经济特点的产业组织政策。七是产业保障政策问题。旅游产业和文化产业政策的有效实施，在很大程度上取决于保障手段。支持旅游与文化部门贯彻实施好产业政策，应以法律、法规等形式保证产业政策的实施。

3. 完善旅游产业政策的立法程序

产业政策制定过程实际上是各方面、各部门利益主体知情、表达意见和利益博弈的过程，在立法的过程中要坚持公开、透明、民主、参与的基本原则。首先，针对目前产业政策立法起草的主体单一、部门的利益倾向严重等突出问题，在实际的政策制定中要采取多部门联合草拟方式，形成良好的利益表达机制。其次，在政策操作中，要对项目的可行性和必要性论证。吸收公众的参与，做好调研，应将该立法的背景、意义、目的、目标、进程、方案选择、总体内容，以及公众、专家参与的方式、途径、程序、具体办法等在一定的范围内进行公告，在公告期间要保障公众能充分表达其意见。最后，建立立法的跟踪评估机制，保持对立法全过程的监督，保证立法机构及时修订和矫正法律法规自身所面临的一些缺陷，进一步改进立法工作，不断地提高立法的质量。

4. 形成旅游产业国际合作与竞争的政策支持环境

随着我国旅游产业与文化产业国际地位的不断提高，国际合作与交流日益加强。我国积极参与世界旅游组织和地方旅游组织的各项活动，不断走向世界，不断地扩大与主要客源国的交流。通过国际合作，交流发展旅游产业与文化产业的经验，在实践中，能够借助对方的力量来克服自己的不足，加速旅游产业与文化产业发展的进程；通过国际竞争，也可以培养较高素质的旅游产业与文化产业，从而进一步完善本国和地方的旅游和文化市场，为旅游产业和文化产业的健康、长期成长奠定基础。我国要加强对国际交流合作的政策支持力度，积极创新与外国企业的合作方式，支持本国旅游企业参与国际市场的竞争并给予必要的资金、人才等方面的支持。旅游产业和文化产业政策内容和形式也应该体现出这种政策导向。当然，需要注意的是，旅游与文化市场的开放是一个渐进的发展过程，要避免政策支持力度不够而造成旅游产业和文化产业不能适应激烈的市场环境，过早地成为衰弱产业。

第二节　旅游产业与文化产业融合发展的模式

一、政府引导型模式

(一) 转变政府角色

为了促进旅游产业与文化产业的融合发展，政府的角色转变需要体现在以下三个方面：

第一，政府要为旅游产业与文化产业融合发展创造良好环境。这包括为促进两大产业融合发展而制定相关政策和法规，同时还要制定政策规范知识产权市场。

第二，政府要为旅游产业与文化产业融合放松产业管制。这包括为促进旅游产业与文化产业融合发展而改革传统管制、体制及政策，以此来逐渐消除我国目前旅游产业管制模式当中的行政垄断、条块分割等阻碍旅游产业与文化产业融合发展的不良现象。

第三，政府要为旅游产业与文化产业融合发展出台相应的产业政策和技术政策。这包括为促进两大产业融合发展而改革政府规制机构、规制政策，加强激励性和社会性规制的深入改革，发展高新技术并强化其在旅游产业与文化产业融合发展当中的重要作用。

(二) 提供政策支持、法规保障和管理协调

1. 在政策支持方面

政府要通过打造相应的平台并提供优惠政策和资金支持，来引导和推进两大产业的融合发展。第一，打造旅游平台。政府应建设"文化创意产业园区"、举办"节庆展会"活动，为旅游产业和文化产业的融合发展创造有利条件。第二，制定优惠政策。这主要包括提供发展政策、土地流转政策和税收等优惠政策，来

扶持旅游产业和文化产业的融合发展。第三，给予资金支持。政府应设立和筹集不同性质的资金并培养企业对资金有效利用的能力，并加大自身对资金统筹和运营的能力，通过加大支持力度来促进旅游产业与文化产业的融合发展。具体方式有成立产业融合基金会，并设立包括会展基金、动漫旅游发展基金、影视旅游发展基金、旅游演艺发展基金和旅游电子商务发展基金在内的多种专项基金。

2. 在法律保障方面

以文化创意产业与旅游产业的融合发展为例，二者的融合是通过创意思维进行要素整合、主题策划和产业创新的结果，这种融合模式和创意成果的突出特点是极易被模仿和复制，因此法律要采取有效措施来对创意成果进行有效保护。具体而言，不仅要保护创意成果本身，还应包括由其衍生的知识产权、版权、专利权和商标权。只有这样，政府才能通过对知识产权的有效保护，来形成促进旅游产业与文化创意产业融合发展的法律环境和竞争环境。

3. 在管理协调方面

政府作为旅游产业与文化产业融合发展中的协调者，应该做到以下两点：首先，要理清管理体制、消除多头管理和行业壁垒，即改变目前旅游景区景点同时分属旅游局、林业局、文物局和园林局管理的复杂局面，消除不利于旅游产业与文化产业融合的政策规制；其次，要重设管理机构、加强统一管理，即要在各相关部门抽调一定的人重新创建一个新的机构——目前的文化产业园区管委会，使其对旅游产业与文化产业融合项目行使统一审批、规划、管理和服务等职能，从而为旅游产业和文化创意产业的融合发展创造有利的政策环境和服务保障。

（三）形成产业融合共识，营造发展环境

目前，在旅游产业呈现无边界特征、产业发展出现新融合趋势、旅游需求呈现新特征、旅游发展遭遇新瓶颈的前提和背景下，旅游行政主管部门要形成产业融合的共识，即文化产业对旅游产业的发展具有渗透和提升效应，而旅游产业对文化产业的发展具有引领和扩散效应，因此产业融合是两大产业转型升级、实现跨越的内在规律和必然趋势。

在形成这种产业融合的发展观念的基础上，要培育文化产业与旅游产业融合发展的有利环境，形成产业融合所需要的"激活思维"，加强企业间的合作，并依托网络技术为文化企业和旅游企业提供"资讯、交流、营销、商务、交易"五位一体的综合产业平台，为旅游产业与文化创意产业融合创造直接合作机会。只有这样才能源源不断地为旅游产业提供具有独特卖点和核心竞争力的文化创意旅游资源，并最终促进两大产业互动共生地融合发展。

从旅游开发者的角度看，其追求的更多是经济效益。然而过度追求经济效益不仅影响旅游者的旅游体验，而且在一定程度上破坏历史文化遗产。政府应该积极倡导以人为本，更加注重旅游者的旅游体验。因此，依托旅游市场发展文化产业、保护与弘扬民族历史文化不仅是可行的，而且是必需的。文化的价值在于延续，在于依托旅游市场发展文化产业，要避免文化的变质。旅游与文化的结合、旅游产业与文化产业的融合中，政府以监护者的身份协调保护与开发，宏观调控产业经济效应。旅游的主体是旅游者，要让游客在旅游中正确认识旅游地文化重要性，从而加强保护文化遗产的意识，而不能随心所欲地破坏文化遗产。而旅游地与旅游者沟通的工具是旅游解说系统。通过旅游解说，游客准确地理解、认识、欣赏文化，传承弘扬文化，进而实现保护文化的目的。

二、市场主导型模式

（一）提高大众认知力，引导旅游消费

在当今旅游消费需求日益提升的背景下，对于旅游产业和文化产业而言，培养具有一定数量和水平的消费群体，不仅可以扩大基础消费市场，同时还能引导并参与创意的形成和生产转化。为保持旅游产业和文化产业融合持续、健康、稳定发展，在目前的旅游产业和文化产业已融合的文化旅游产业领域内，可以通过以下三种途径来吸引更多的旅游消费者。

第一，培养旅游大众的认知能力并提高其对旅游文化产业的接受程度。当前，随着我国的数字网络技术的高速发展和人民生活水平的不断提高，网络服务方式日渐成为培养旅游大众的重要途径，这对提升旅游创意产品认知力和接受力具有显著效果。因此，旅游文化业可以与新闻出版社、印刷服务业相结合，通过

建设数字广播电视信息平台、博物馆、虚拟图书馆、数字电影放映网络系统和文化旅游在线高峰论坛等高科技手段远程指导旅游者。这种方法很大程度上培养和拓宽了消费者对国内历史文化特色的了解和对旅游文化产业的认知，这为旅游文化产业的多元化和普及化发展提供了强大的驱动力。

第二，挖掘旅游消费者的需求变化，开发符合其心理需求的旅游文化产品。发展旅游文化产业实际上是通过引导旅游文化消费需求来倡导开拓新的消费空间、培育新的消费群体，以此实现通过深层次旅游消费拉动经济稳步增长的长远目标。因此，国内的新型旅游文化产品和项目开发，应从旅游者的角度出发，根据其需求层次和认同感的差异，有针对性地设计和生产不同类型的旅游创意产品。在内容上，通过整合两大产业资源、营造旅游文化氛围，设计生产和营销推广集文化性、艺术性、实用性、附加值于一身的旅游商品或工艺品、纪念品；在形式上，通过改造博物馆、环城公园等富有历史感和文化气息的地方，运用创新理念和高端技术，策划并打造出集旅游观光、休闲社区、度假房产等新颖的旅游产业形态；以此来更好地满足旅游者不断提升的需求心理，同时开拓新的消费市场，创造更大的产业价值。

第三，设立旅游服务咨询处，引导旅游者正确选择和参与相适应的旅游活动。这样市民就能通过相关旅游服务来参与社区旅游一体化的建设，从而形成强烈的市民参与旅游发展的意识，有利于形成旅游产业与文化产业融合发展的良好氛围。而且随着旅游者需求的不断提高，旅游资源的范畴也在不断拓展，居民好客精神也属于社会旅游资源的一个重要类别，因此旅游产业与文化产业的融合发展不仅能为两大产业的融合发展提供了更广阔的发展思路，而且能够促进当地居民参与到社区旅游一体化的建设当中来，通过相关旅游服务形成与旅游者的良性互动。

（二）开发文化旅游产品，挖掘文化旅游需求

旅游有不断扩展的庞大市场，可以把文化产品打入旅游市场，不断宣传推广文化产品，从而加快文化产业的发展。这就是所谓的产业融合。但是融合不能盲目地打造销售产品，而是应该根据市场需求一点点地推进。旅游产业与文化产业

的融合一定要根据市场，找出融合的契机，才能充分发挥市场的资源配置作用。只有以市场为导向的产品才有消费市场，这样的产品才是满足消费者需求的产品。

在产业融合中企业是载体。旅游消费者的需求具有多样化、个性化的特点，而企业为了提高经济效益，必须生产满足市场需求的新的旅游产品。这种新的高端旅游产品就是旅游与其他产业融合的产物。尤其文化旅游产品是旅游产业与文化产业融合产生的。所以，旅游产业、文化产业的相关企业要通过交流与合作，取长补短、共享市场，形成较为完善的融合产业。

新创意会衍生出无穷的新产品、新财富、新市场和新商机。创意产业的源头是鼓励新创意的产生，因此，激发旅游者新的消费欲望和购买潜力是新创意的市场基础。发展旅游文化产业，培育新的消费群体，实际上是立足顾客价值创造，挖掘消费新需求，倡导开拓新的消费空间，进而实现消费拉动经济的增长模式。

旅游文化产品的消费因其消费内容主要是观念价值而属于精神需求产品。消费者的心理需求有极大的潜力和空间，是马斯洛的需求层次理论的题中之意。因此，最大化考虑并激发和挖掘旅游文化需求，便成为从顾客价值创造的角度设计和生产产品的必然要求。同时，还应根据消费者的需求层次的差异和价值认同的差别，有针对性地开发旅游文化商品或创意旅游小品，通过不断创新旅游文化产品来激发消费者的潜在需求，从而实现创造新需求、获得新财富的双赢目的。

三、旅游带动型模式

旅游带动型融合模式可分为主动融合模式和被动融合模式，而旅游产业与文化产业融合发展属于主动融合。旅游产业主动融合模式的特征主要表现为以下三点：

第一，旅游产业融合的本质原因是旅游服务跨越产业边界及被融合产业中能使旅游服务得以应用和扩散的资源载体，因此旅游产业主动融合中的被融合产业需要具备有形的资源载体才能与旅游服务这一无形要素结合起来改变被融合产业的产业链及产业功能。

第二，旅游产业主动融合初期主要是基于原有产业的资源要素形成了新型的旅游产品，基于该产品数量的丰富和质量的提升逐渐形成了满足旅游者旅游六要素需求的其他衍生旅游产品。随着原有产业链中产品生产环节的改变，资源开发与产品销售环节也发生了根本的变化，从而改变了原有产业的产业功能，形成了新型旅游业态。

第三，旅游产业主动融合早期阶段表现为旅游新产品的生产，后期逐渐发展为旅游新业态的产生。旅游新产品及新业态丰富了目前旅游产业的产品体系，改变了原有资源观对旅游开发和规划的限制。

基于旅游带动型主动融合模式特征的分析，这里提出旅游带动型主动融合模式下旅游产业融合发展的相关建议，以期更好地指导实践中旅游主动融合现象的发展。

（一）改变旅游资源观，鼓励旅游产业与文化产业主动融合

旅游产业与文化产业主动融合时，文化产业需要具有吸引游客、开发利用、产生效益的特征，三者构成其成为旅游资源的可能性，然后旅游服务才能对该产业进行旅游服务功能的延伸融合。在国务院、文化和旅游部有关文件精神的指引下，全国各地的旅游产业与文化产业融合发展掀起了新的热潮，除了早已遍地开花的工业旅游和农业旅游以外，旅游地产、旅游演艺、旅游装备制造、旅游电子商务、影视旅游等也得到了迅猛发展，旅游产业与文化产业融合领域大为拓展，融合深度也有所加强。在旅游产业主动融合中，国家相关政策已经在积极倡导旅游产业对文化产业的融合，在融合对象——文化产业的选择上不能过于盲目，要基于旅游产业融合的理论基础，有选择、有步骤地开展旅游产业融合。政府改变旅游资源观促进旅游产业与文化产业融合时，需要对共用资源要素进行辨识，主要选择开发可能性大且吸引力大的资源。政府在改变资源观的同时也需要注重旅游者的需求。当旅游活动从传统观光向休闲度假和体验旅游发展时，旅游者的需求已不再是具备单一观光功能的旅游产品，而是满足其参观游览、休闲度假、娱乐体验的多种旅游需求的综合性旅游文化产品。基于对旅游者需求的把握从而改变旅游资源观，具有针对性和市场可行性。已有的观光类旅游产品不再对旅游者

产生足够吸引力，政府可以针对旅游者的需求将一些文化资源及民情民风等资源开发为旅游产品，推进旅游产业与文化产业的融合。旅游资源观的改变能够拓宽旅游产业融合的文化对象，充分利用旅游资源，进而实现旅游产业与文化产业融合的发展。

（二）开发旅游相关产品促进旅游产业与文化产业主动融合

旅游产业与文化产业主动融合期间，首先是基于文化资源平台延伸旅游服务，形成新型旅游文化产品；其次，基于该产品不断地衍生出相关旅游产品，从而改变原产业产品设计、开发和销售环节，实现产业链的转变。旅游相关产品的开发要以被融合文化产业中的资源载体为基础，否则容易导致旅游新业态失去被融合文化产业的产业特色。如在旅游产业对农业文化的主动融合中，餐饮产品的开发应以绿色饮食、农家餐饮为主，住宿产品的开发应基于农村住宿文化资源体现农业旅游特色，旅游商品的开发也应以农业文化产品或农村手工艺文化产品为基础。以被融合文化产业资源为基础的旅游相关产品的开发与核心产品一起形成旅游新业态的旅游新产品体系，从而更好地体现融合新业态的特色，更好地满足游客的需求。

（三）因地制宜，促进旅游产业主动融合

政府在对旅游产业与文化产业融合的相关政策制定上，虽然应该大力提倡和引导，但是仍然需要注意因地制宜、因时制宜。旅游产业与文化产业主动融合中对被融合文化产业的选择主要取决于该产业中的文化资源基础。我国各地区的文化产业各具特色，并不是所有地区都适合旅游产业对文化产业的主动融合。例如近年来，海南省创意推出博鳌亚洲论坛，实现了旅游与论坛的成功融合；青海省积极打造环青海湖自行车赛事，实现了旅游与体育的成功融合。因此，旅游与文化产业主动融合中应结合不同地区的优势产业和特色产业，有针对性地选择被融合文化产业的相关资源。

四、文化带动型模式

（一）文化旅游节庆会展融合模式

文化旅游节庆会展融合模式是指发生在具有紧密关联的不同产业之间，使得原本各自独立的产品或服务在某一共同利益的刺激下，通过节庆会展的形式重新组合为一体的融合模式。节庆会展融合模式最突出的代表就是通过节庆和会展来实现两者的融合，主要借助各种节庆展会平台吸引大量人流、物流与信息流，从而带活举办地的旅游经济。

（二）文化驱动旅游融合模式

文化驱动旅游融合模式是指以发展文化为目标，以赋予了创新文化的旅游产品为媒介的融合模式。通过文化驱动旅游融合，使旅游产品被赋予新的精神内涵和更强的市场竞争力，以此形成新的融合型产业体系。

（三）文化旅游圈融合运作模式

这一模式是一种集约化的经营开发模式，是指为了获得最佳经济效益、社会效益和环境效益，以文化旅游资源为核心组成的具有一定地理范围的协作和集聚区域，对区域内的文化要素和旅游要素进行有机整合和集约包装，再以某种载体集中展示给游客，其最终发展目标是本土文化旅游圈内交通和通信联系网络化、文化旅游资源开发利用集约化、旅游经济发展规模化、旅游接待规范化等，如文化主题公园、文化旅游村、文化博物馆等就是运用此种模式。该模式的成功运营将有利于整合旅游圈内文化旅游资源，促使圈内各功能区的旅游功能更为合理，实现文化旅游资源优势向文化旅游竞争优势的有效转化，这对于具有良好文化旅游资源禀赋的地区来说是最优的选择。

五、文旅一体型模式

旅游产业与文化产业一体型融合模式的特征主要体现在以下两点：

第一，旅游产业与文化产业一体型融合的本质原因主要是旅游服务和文化产业的无形要素及其在文化产业上得以应用和发展。旅游产业与文化产业一体型融合中需要两产业均为软要素驱动的产业，才能基于软要素的扩散去改变被融合产业，同时需要两产业间具有较强的关联性，才能实现无形要素在另一产业得以应用和扩散。

第二，旅游产业与文化产业的一体型融合实现了融合产业间的相互改变，因此能够获得更多的创新。

旅游产业与文化产业一体型融合模式同时包含了主动融合和被动融合，实现了旅游产业与文化产业链的共同创新，在旅游产业融合实践中目前主要表现为旅游产业与文化产业之间的融合。虽然创意产业与旅游产业之间的融合也具有一体型融合的特征，但是目前在实践发展中表现得并不显著。

目前，实现旅游产业和文化产业一体化发展模式的主要代表性样本是建设文化旅游产业园区。

文化旅游产业园区是资源、技术、市场、功能、业务在地理空间上的集聚形成的具有鲜明特色的功能区域，它通过培育扶持和催生壮大具有自主创新能力和核心竞争力的大型文化企业集团，来充分发挥集聚效应和孵化功能，从而为提高我国文化产业整体发展水平注入强大的动力。因此，文化产业园区是旅游产业与文化产业一体化发展的最佳载体。

总体来看，在旅游产业和文化产业一体化发展的背景下，各地区要根据本区域的资源禀赋、地理区位和市场特征，充分考虑自身定位和旅游文化产业布局，努力形成错位发展、优势互补的格局，走产业差异化优势发展道路，即确定旅游产业和文化产业的核心，以产业为主体、产品为重点，通过编制科学的规划和制定有利的政策来促进旅游产业与文化产业一体化发展。

（一）强化政府职能，为文旅一体化融合提供政策保障

文化旅游产业是一项涉及面广、带动性大、关联性高、辐射力强、体验性与参与性强的综合性产业，它的发展离不开政府的高度重视和相关部门的大力支持。对此，政府要充分认识并加大政策扶持力度，从而实现旅游文化的有机融合

和快速发展，使旅游文化尽快成为区域经济发展的新的增长点。首先，政府部门要高度重视旅游产业和文化产业的发展，制订长远的科学发展规划，确立针对旅游产业和文化产业发展的指南和布局导向。比如，建立专门的产业发展组织机构，制定合理的管理制度，出台相应的产业培育和促进政策，在旅游文化经济的大框架下，推动文化资源与旅游产业间的跨部门、融合式发展。另外，开发新的旅游文化产品时需要大量资金投入，各级政府部门应当给予一定的财政金融倾斜或资金支持，逐步加大政府引导性投入，协调旅游相关部门的参与，发挥市场机制，不断改善文化旅游发展环境，多渠道增加旅游产业的投入，优化融资环境，拓宽融资渠道，提高融资效益。政府有关部门也应积极支持旅游文化企业进行更新改造和技术创新，切实解决文化旅游企业存在的困难，落实发展项目，改善旅游文化业发展的外部环境。

（二）加大宣传力度，营造文旅一体化融合的氛围

加强旅游宣传，是旅游产业赖以生存发展的重要手段。没有文化创意活动的营销，就不会有源源不断的游客。旅游产业和文化产业的融合发展也需加强旅游文化景区整体形象的宣传，以招揽更多的游客。首先，发挥旅游文化协会组织的作用。协会可以充分发挥服务、协调的功能，开展旅游文化讲座，提供行业发展动态；帮助建立旅游文化信息网络，宣传、推介文化旅游产品，为消费者提供信息服务；协助质量监管工作，组织会员订立行规行约并监督遵守等。这有助于旅游产业和文化产业新成果的推广应用。其次，合理利用各种媒体。旅游文化开发离不开各种媒体的宣传推动，从传统的平面媒体、广播电视到新兴的网络信息服务媒体，媒体在旅游文化开发中的重要作用日益凸现。同样，其他旅游文化地区也可以利用电影或宣传片等媒介形式，将特有的文化魅力加以传播，将特色的文化旅游产品加以推广。

（三）优化产业结构，加快文旅一体化融合的步伐

产业结构合理化是指产业与产业之间协调发展能力的加强和关联水平提高的动态发展过程。要加快旅游产业与文化产业有机融合的步伐，就要进一步规范旅游产业与文化产业的经营与管理，优化旅游文化产业的结构。在优化旅游文化产

业结构的进程中，要从现有旅游文化资源禀赋、开发现状及存在的问题等实际情况出发，使旅游文化成为一种新的产业来促进区域经济的增长。其核心就是要从旅游文化空间布局、旅游文化产品布局、旅游文化目标市场结构等方面对旅游文化产业进行战略布局。在旅游产业空间布局方面，可以在文化旅游圈发展的基础上，综合考虑文化旅游产业发展过程中所关联到的旅游产业、文化产业等众多部门，加速部门之间的整合，形成完善的产业链；在旅游文化产品结构布局方面，除了保留传统的旅游产品之外，更应打造出旅游文化产品的特色，使之成为旅游文化产业的标志；在旅游文化目标市场结构方面，应构建新的旅游文化产品销售渠道，形成统一的旅游文化市场。

（四）完善经营管理机制，提高文旅一体化融合的效率

科学完善的经营管理机制可以有效地提高旅游文化开发商或经营主体等利益相关者的管理效力和决策实施速度，提高旅游产业与文化产业融合运作的效率，增强旅游文化景区的竞争能力与生存能力。要完善旅游文化产业的经营管理机制，最根本的就是面向市场加快相关文化旅游开发商及经营主体的体制改革和旅游文化景区开发管理的体制创新，按照市场运作规则指导旅游文化产业发展。在加快相关旅游文化开发商或经营主体的体制改革方面，要按照现代企业制度的要求，构建统一开放、竞争有序的现代文化市场体系，推动国有旅游文化开发商或经营主体的改制重组，增强其市场竞争力；采取多种形式推动中小旅游文化开发商或经营主体改革，鼓励多种经济成分参与旅游文化产业的发展，积极扶持中小旅游文化开发商或经营主体向经营专业化、市场专业化的方向发展。在加快旅游文化景区开发管理的体制创新方面，要继续探索旅游文化景区按照政企分开、事企分开、所有权与经营权、管理权分离运营的有效途径，推进旅游文化景区开发管理的体制创新，并采取独资、外资、合资、租赁、承包和出让开发权等多种方式，吸引多方投资参与文化旅游经营。在建立规范的文化旅游市场运作规则方面，要重视建立旅游文化统一市场，培育旅游文化目标客源市场、旅游文化产业供给市场及旅游文化要素市场等，还要协调地方利益与外来企业的关系，保障各文化旅游企业获得公平的竞争环境。

第三节　旅游产业与文化产业融合发展的效益评价

一、旅游产业与文化产业融合发展的效益评价概述

（一）研究意义

1. 理论意义

通过对旅游产业与文化产业融合发展效益评价的研究，在一定程度上不仅丰富了旅游产业与文化产业融合发展的内涵和外延，而且还借助区域经济学理论、旅游文化学理论、产业融合理论以及效益评价理论，对其效益评价体系、评价模型及评价等级进行构建，有助于从理论角度阐释和推断旅游产业与文化产业融合发展阶段，丰富和完善两大产业融合发展的理论基础。

2. 实际意义

研究旅游产业与文化产业融合发展的效益评价，无论是对旅游产业与文化产业现状进行科学判断，还是对旅游产业与文化产业发展趋势进行分析预测，都具有十分重要的现实意义，并有望为今后评价和指导区域旅游产业与文化产业融合发展提供理论依据。

（二）理论基础

1. 产业融合理论

所谓产业融合，是指不同产业或不同行业的同一产业相互交织，相互作用，最终融为一体，并逐渐成为新产业的一个动态发展过程。

产业融合对社会的发展产生了巨大影响，这种影响主要体现在经济、政治、社会、文化及生态五个方面。融合主要在技术层面、服务层面以及商业模式与社会互动新方式层面进行。仅此而言，产业融合的发展意义可以具体表现为以下三个方面：

（1）产业融合有利于产业绩效提升

一方面，旅游产业与文化产业融合发展，突破了两大产业的界限，使这两大产业的资源可自由流动、优化配置，从而形成融合经济效应，进而降低旅游企业的经营成本；另一方面，旅游产业与文化产业融合发展，在一定程度上改变了两大产业传统增长模式与增长方式。

（2）产业融合是传统产业优化的重要手段

产业融合通常发生在新兴起的支柱产业及传统产业之间，旅游产业是 21 世纪的朝阳产业，而文化产业则是传统产业。随着国民经济又好又快地发展，人们对旅游的需求又提出了一个更高的要求，旅游产业如何取得突破已是摆在其面前的一大难题；而纯粹的文化产业，发展起来举步维艰。此时旅游产业与文化产业的融合发展，无疑实现了双赢和突破。

（3）产业融合有利于一国产业结构的转型和升级

产业融合是优化传统产业、促进产业升级的有效途径。旅游产业与文化产业融合发展不仅提升了文化产业，同时也是文化产业与旅游产业携手升级的有效途径。

2. 效益评价理论

效益评价通常是一项系统工程，其内容主要包括评价方法、评价标准、指标评价体系等方面。在此基础上衍生出了企业绩效评价、BSC 评价系统、行政绩效，以及 4E 评价等理论。同样，旅游产业与文化产业融合发展效益评价也是其融合后的功能及价值，同时也为区域发展和脱贫致富提供了新思路。系统理论是研究系统的一般模式，首先，把所研究和分析的对象视为一个系统；其次，研究其结构和功能；最后，揭示系统、要素、环境三者之间的相互关系及其变化规律。

此外，旅游产业与文化产业融合发展不仅要实现经济效益、政治效益、社会效益、文化效益和生态文明效益这五个目标，同时还要实现利益相关者共生、共存、共荣。

二、旅游产业与文化产业融合发展的效益评价原则

能够用于评价旅游产业与文化产业融合发展效益的指标种类繁多，且相互间

关系密切。为了准确、合理地选择出能够全面、客观、真实地体现旅游产业与文化产业融合发展的指标体系，在评价指标的选取过程中，应主要考虑以下原则：

（一）科学性与可行性相结合的原则

科学指标的确立，要定性分析与定量分析相结合，还要能准确地反映旅游产业与文化产业融合发展的相关性、区域性、持续性及效益性。同时数据要便于采集、利于统计和分析，且有较强的可行性，能够科学操作并顺利评估。科学性与可行性相结合，是构建旅游产业与文化产业融合发展效益评价指标体系的前提。

（二）系统性与层次性相结合的原则

评价体系作为一个有机系统，既要反映出旅游产业与文化产业融合发展效益的基本构架，又要全面覆盖效益内容，且要求各项指标既相互联系又相对独立。同时，指标体系应依据研究的需要，按其功能进行分层，不同层次反映出不同的等级内容，层次之间还要有明确的隶属关系。系统性与层次性相结合，是构建旅游产业与文化产业融合发展效益评价指标体系的关键。

（三）前瞻性与公信力相结合的原则

旅游产业与文化产业融合效益评价体系不仅可以应用于回顾性评价，还可以用于预测性评价。通过回顾性测评，可以发现两大产业融合发展存在的问题，然后根据其产生的原因进行改进和调整，从而促使其高效发展；至于预测性测评，要有助于区域政府、文化旅游企业科学预测市场发展的趋势，以便于两大产业融合方案的制定和落实。此外，指标体系的公信力是片区旅游局、文化局、旅游开发商及旅游企业进行决策的重要工具。要注意的是，评价要坚持实事求是和客观公正，评价结果不能牵强附会，否则会带来巨大负面效应。前瞻性与公信力相结合是构建旅游产业与文化产业融合发展效益评价指标体系的归宿。

三、旅游产业与文化产业融合发展的优化升级对策与建议

（一）把握发展机遇

把握发展机遇的前提是立足现实。所谓立足国情以及区域发展的现实，即立足国内旅游产业与文化产业融合发展区域发展的整个现实，立足国内旅游产业和文化产业融合发展尚处于并有可能长期处于融合发展的初级阶段；所谓把握机遇，即认清以市场为导向的游客需求规律——由低级向高级逐步升级的规律，换言之，以往纯粹为旅游而旅游的时代已无法满足游客日益增长的物质和精神文化需求，亦即游客在旅游过程中对文化的渴慕和对知识的追求越来越突出。同时，也要认清国内旅游产业与文化产业融合发展是时代的必然趋势这一大形势。立足现实认清形势是政府、高校科研机构以及旅游文化企业制定政策、开展工作的重要前提。

（二）创新发展模式

旅游产业和文化产业融合发展优化升级，需要创新国内旅游产业与文化产业融合发展的模式。以下三种模式比较适合国内旅游产业与文化产业的融合发展：

1. 产业延伸融合模式

所谓产业延伸是指"存在于产业功能互补的产业之间通过延伸的方式实现产业之间的融合"。延伸融合后的产业，不仅具有新的附加功能和更强的市场竞争力，而且还可以形成新的融合型产业体系。

根据这一模式，要求各级行政管理部门把眼光投向于旅游产业与文化产业所能覆盖的各个范畴，当然也包括相关部门之间的拓展，以此来丰富旅游产业与文化产业融合发展的深意和内涵，从而提升两者之间的市场供给水平。

由于这种模式是通过两大产业之间的延伸方式来实现两大产业之间的融合，目前其最佳的方式是文化创意产业与旅游产业融合。

2. 产业重组融合模式

所谓产业重组"是指发生在那些具有密切联系的相关产业间，在利益的刺激

下，使得原来各自独立的产品和服务，通过重组方式融为一体的整合过程"。

目前，旅游产业与文化产业重组是国内实现两大产业融合发展的首选，其融合的具体方式主要有两种：一是两大产业内容上的融合，这是旅游产业与文化产业重组的简单形式；二是两大产业在商业上的融合，这是旅游产业与文化产业融合发展的高级形式。

3. 产业渗透融合模式

所谓产业渗透是指两大产业相互向对方渗透融合以形成新的产业形态的发展模式。根据渗透的方向性，可以分为"文化产业向旅游产业渗透"和"旅游产业向文化产业渗透"两大模式。

（三）深度开发产品

我国旅游产业与文化产业融合发展，离不开产品的深度开发。在尊重旅游产业与文化产业融合发展规律和注重新意的前提下，应多开发一些以市场需求为导向的文化旅游产品，并通过这些旅游文化产品来不断满足游客日益增长的精神文化需求。

1. 对旅游文化产品进行深度的开发

旅游文化产品是发展旅游文化的重要吸引物和依托，故而深入开发和设计已有的旅游文化产品是提高旅游产业与文化产业优化升级最便捷的方式。可以从景点讲解形式、与游客互动的深度、景点景区娱乐性的开发以及特色旅游纪念品设计等方面进行挖掘，以此来推动旅游产业和文化产业健康、快速和持续地发展。

2. 从创意的视角进行旅游文化产品的设计

所谓创意，简单地说就是脱离俗套、与众不同，而正是这种与众不同才是创造经济价值的源头。我国的自然风光和人文景观可谓是多姿多彩，然而其旅游产品的开发却非常一般。那么，怎么才能吸引更多的游客前往呢？答案只有一个——创意。通过创意做出特色，做出水平，做出效益。

（四）创新营销方式

国内旅游产业与文化产业融合发展，离不开新颖的营销手段和先进的服务理念。故而创新一些适合我国实际情况的营销手段和服务理念，以此来推动旅游产业与文化产业融合发展优化升级实属当务之急。适合我国旅游产业与文化产业融合优化升级的营销策略有以下两点：

1. 以游客需求为中心，引燃旅游营销导火索

从以产品为中心，转变到以游客需求为中心，在此基础上，借力于现代网络营销。网络营销与传统营销的区别主要体现在两个方面：一是网络的互动性；二是网络的时空性。而营销对象从产品到游客的转变则是其核心。虽然网络这种新兴媒介覆盖了传统媒介，但其营销远远不止这些。接触过网络的人都清楚，它所触及的不是技术和媒介这么简单，而是一种以信息为标志的生活方式，而游客生活方式的变化必然导致市场营销方式的转变。对游客而言，网络的出现无疑是天降福音，故而旅游产业与文化产业融合发展的优化升级必须借助现代网络营销，从而推动文化旅游产业的快速发展。

2. 以回归自然为指向，开拓旅游营销新方式

随着社会节奏的日益加快，人们普遍感到压力的剧增，如何缓解这些压力，回归大自然无疑是其首选。而在旅游产业与文化产业融合发展优化升级期，应注重发挥其独特的自然优势。以回归自然为向导，开拓旅游营销新方向不失为一个新颖的营销理念。

以游客需求为中心是营销之根本，以回归自然为指向是其催化剂。两者相辅相成，共同构筑了旅游产业与文化产业融合发展优化升级的新颖营销体系。

（五）构建保障体系

国内旅游产业与文化产业融合发展若想顺利进行，区域政府需大力构建保障体系。该体系由组织保障、政策保障及人才保障组成。众所周知，组织保障是引擎，政策保障是支持，而人才保障是关键。如果没有科学和完善的保障体系做支撑，旅游产业与文化产业融合发展优化升级就难以有序地开展。

第五章　体育文化与旅游产业的融合

第一节　体育文化与生态体育旅游

一、体育文化的内涵

作为文化建设中一种特有的形式，体育文化是人类在历史发展进程中，在体育方面创造的一切物质文明与精神文明的总和。它包括精神文化（体育观念、体育意识、体育思想、体育言论等）、行为文化（体育行为、体育技术、体育规范、体育规则等）和物质文化（体育设施、体育器材等）三大部分。当前，我国已进入了全民旅游时代和全民体育时代，以文化助力旅游升级，以文化丰富体育内涵，以旅游、体育推动文化繁荣，是贯彻习近平新时代中国特色社会主义思想和新发展理念，全力促进大文化、大旅游、大健康产业提质提效，有力推动民族文化、特色体育和山地旅游大发展的必然要求。在全社会大力建设生态文明的背景下，越来越多的人跳出了传统的旅游方式，"生态体育"越来越火爆。依托生态资源和深厚的文化底蕴，借助大型体育赛事平台，实现大众体育与自然生态完美融合，不仅是体育旅游产业可持续发展之路，也是我国优秀体育文化传承之路。

二、生态旅游的内涵

"生态旅游"是以有特色的生态环境为主要景观的旅游，是指以可持续发展为理念、以保护生态环境为前提、以统筹人与自然和谐发展为准则，并依托良好的自然生态环境和独特的人文生态系统，采取生态友好方式，开展生态体验、生态教育、生态认知并获得身心愉悦的旅游方式。

生态旅游概念产生于20世纪60年代,它最初指的是旅游产品,后来逐渐延伸成一种发展理念。对生态旅游定义的理解,国内外学者、业界人士至今还没有形成统一的定论。一般认为,生态旅游的内涵应包含两个方面:一是回归大自然,即到生态环境中去观赏、旅行、探索,目的在于享受清新、轻松、舒畅的自然与人的和谐气氛,探索和认识自然,增进健康,陶冶情操,接受环境教育,享受自然和文化遗产等;二是要促进自然生态系统的良性运转。不论是生态旅游者,还是生态旅游经营者,甚至包括得到收益的当地居民,都应当在保护生态环境免遭破坏方面做出贡献。生态旅游具备四个内涵,即环境冲击最小化、尊重当地文化并将冲击最小化、给予当地最大经济利益的支持以及游客满意最大化。经过几十年的发展,生态旅游在概念、开发、管理等方面日趋丰富和完善。目前,虽然国内外对生态旅游的定义还未形成一个统一的认识,但生态旅游作为旅游产业可持续发展的重要旅游形态正在世界范围内被广泛地研究和实践。

三、体育文化与生态旅游融合的背景

(一)体育文化传承和保护的需要

经济全球化背景下,国家间的竞争已经从单纯依靠经济实力、政治实力与军事实力的竞争转向以信息技术、知识产权及文化等软实力为主的综合国力的竞争上来。文化产业与旅游产业的融合,形成了独具地域特色和传统文化特色的旅游产品,通过文化旅游消费形式传播文化、完成传统文化的价值体验已经成为国际文化保护的一种新途径。体育是人类文明的结晶和成果,是表现人类思想和品质的形式之一,是一项表现和满足人的基本生存、生活方式的文化。体育既是一项身体文化,又包含着丰富的精神内涵。体育文化有着自身的特征:其一,在文明的进程中,体育发挥着重要的保持、维系人类跑、跳、投等运动能力和技能的生物性、动物性和野蛮性的基本能力;其二,体育用动作技术、素质体能、技战术等形式来表现美的艺术,创造美的艺术和美的氛围;其三,体育用身体语言、行为语言和特定的体育方式来阐述和弘扬人类的文明进步和思想精神;其四,用体育的方式来表达并享受快乐、休闲的积极生活方式。

体育文化是我国社会主义文化的重要组成部分，它不仅是一种身体运动，更是一种教育手段、生活方式，具有增强全民族身体素质、培养人的健全心理、促进人的全面发展的社会责任。体育文化是在漫长的社会发展中创造和积淀下来的宝贵资源，充分体现了中华民族共有的文化价值观念和审美理念。民俗体育文化既有与现代体育运动相似的竞赛规程和运动内容，又有与各民族的社会特征、经济生活、风俗习惯相适应的传统文化现象，体现了中华民族的文化创造力和民族凝聚力，是各民族智慧的结晶和瑰宝。因此，保护我国民俗体育文化遗产，既是各民族文化传承和发展的需要，也是维护中华文化独特性、实现广泛开展全民健身运动、促进群众体育和竞技体育全面发展战略目标与中国梦的重要环节。当前，随着经济社会的高速发展与变化，我国民俗体育文化的发展与传承面临着严峻挑战。怎样保护和发展有民族和地方特色的优秀传统民俗体育文化成了亟待解决的问题。

（二）旅游经济转型发展的需要

随着人们物质生活水平的不断提高以及现代生活理念的不断更新，人们对精神生活享受有了更高的追求。旅游者越来越强调精神文化方面的需求，旅游所蕴含的文化属性越来越被重视，旅游产品向文化领域的深层开发已经逐渐成为趋势。在旅游产品的开发过程中，文化产品的认识、教育、审美等功能也被积极引入，并贯穿于康体型、享受型、发展型、探险型旅游产品中。

当前，我国城乡民俗体育文化活动广泛开展并获得了可观的经济效益，似乎民俗体育文化已经得到了传承与发扬，但实际上却面临着传承堪忧的境况。民俗体育文化与其他非物质文化一样，传承方式主要是通过长辈对年轻一代的言传身教。近些年来，随着人们传统生活观念的逐步改变，大量农村年轻人涌入城市工作与生活。他们离开乡土，在很大程度上改变着农业人口的原本结构，同时也荒芜了民俗体育文化的土壤，使得许多民俗体育文化的发展后继无人，传承链出现断裂。当今的中国正从乡土化向城市化高速转变，民俗体育文化的地方性正在弱化，面临着生存的危机。截至目前，我国已经相继出台了多条关于促进文旅发展的相关政策，在这样的背景下，如何通过文化和旅游的融合发展，推动供给侧结构性改革，更好地满足人民日益增长的对美好生活的需要，同时提高国家文化软实力和中华文化影响力，成为一个重要的时代命题。

（三）产业融合环境的需要

文化企业和旅游企业处于一定的产业环境中，而产业环境受到多方面因素的影响。任何一股力量的变化，既会导致产业环境的变化，又会影响企业自身的经营模式和产品形态。这就要求企业对经营模式和产品形态进行创新，以符合市场需要。在产业融合的大背景下，对旅游产业与文化产业融合发展问题进行全方位、多层次、多维度的透视和分析，明确两者融合发展的学理依据、促进措施，才能切实推动两者融合发展，从而给旅游业和文化产业的素质提升、转型带来契机。

四、体育文化与生态旅游融合的功能

（一）满足游客体验的功能

随着社会的发展和现代人工作压力的增强，体育旅游作为一项放松身心的旅游项目广受人们的喜爱。越来越多的人开始在工作之余参加各种类型的旅游活动。而生态体育文化旅游作为其中的一种类型，也吸引了许多爱好者。生态体育文化旅游来源于体育旅游，但是又跟体育旅游不同，它强调生态视野下的体育文化旅游行为，在运动方式上又跟体育旅游基本相似。我们知道，体育旅游强调参与性与体验性，重视在身体运动中实现身心的放松。生态体育文化旅游在这一方面与此类似。例如，潜水项目更多的是让爱好者深入实地进行潜水运动，体验当地人的生活方式与当地的风土人情，滑雪亦如此，即在体验中实现爱好者的旅游目的。对于体育村寨旅游类型，它更多的是向旅游者展示当地的风土人情、异域风情，旅游者在此过程中享受民俗教育与各色体育文化的神韵，在体验中得到身心的放松。

（二）经济功能

旅游业被称为"永远的朝阳产业"，是世界各国非常重视的产业。目前，旅游业已经成为全球最大的经济行业，在社会经济中占有举足轻重的地位。生态体育文化旅游是当今世界最具活力和引力的重要旅游吸引物之一，是旅游业发展的更高阶段，也是未来世界旅游业发展的趋势。以我国中华龙舟大赛为例，作为中华民族传统的节日活动，几千年来一直为广大群众所喜爱。受商品文化的影响，龙舟运动在比赛内涵上发生了根本性变化，越来越多的龙舟运动开始服务于商品社会与地方经济建设。近年来，龙舟大赛发展迅猛，像环青海湖自行车赛一样，正成为有较大社会影响的体育旅游项目。可以说，龙舟作为一项重要的文化资源，在旅游业迅猛发展的今天，具有广阔的发展空间。

（三）文化传承功能

自文明诞生起，民族间的文化交流就一直存在，但在现代旅游业出现之前的文化交流是相对零散的，同经济的联系也不太紧密。旅游业的发展以经济为动力，并通过经济的方式，极大地拓展了文化交流的范围。生态体育文化旅游对人的教育是多方面的。首先，生态体育文化旅游就是一种环保型的旅游，通过生态体育旅游的宣传、教育、体验，旅游者能更多地了解生态方面的知识，在此过程中也对环保有了更深刻、全面的认识，有利于提升个人的科学素养，同时也给社会树立了一个正向的标杆；其次，生态体育文化旅游在个体价值观塑造中具有重要作用。生态体育文化旅游项目众多，如我国民族地区传统体育文化，新疆哈萨克族的叼羊、内蒙古的那达慕等，它们更多地传递的是民俗风情与传统文化，在旅游过程中，旅游者既得到了民俗教育，又实现了素质的提升。

（四）环保功能

生态体育文化旅游的环保功能主要体现在两个方面：其一，生态体育文化旅游本身的环保性。我们知道，生态体育文化旅游是一种负责任的旅游形式，它强调在保护自然与人文环境的基础上实现旅游的整体功能。环保性贯穿于生态体育文化旅游者"吃、住、行、游、娱、购"的每一个环节中。特别是在体育文化旅游资源的保护方面，生态体育文化旅游者的环保意识与环保行动对于资源的保护起到重要作用。其二，生态体育文化旅游环保功能还体现在它的社会影响方面。当前，我国进入了生态文明建设时期，国家也由工业文明向生态文明迈进。在此种时代背景下，实现人与自然、人与自身所处环境的和谐相处是生态文明建设的目标，而生态体育文化旅游正是在此前提下进行的旅游活动，它作为生态文明建设的重要旅游形式，在社会中的定位注定了它具有环保宣传作用。因此，从这个意义上说，生态体育文化旅游具有环保功能。

（五）可持续发展功能

生态旅游与体育文化的融合催生了生态体育文化产业。众所周知，传统旅游导致了资源的污染、浪费与消耗，而生态体育文化旅游作为一种新型的、更高级的旅游形式，是在资源耗竭、环境污染以及可持续发展理论的背景下提出的。生态体育文化旅游可持续发展功能主要体现在三个方面：

一是生态体育文化旅游的定位。生态体育文化旅游以可持续发展为目标，旅游过程更强调节能、原始性特征，是对历史资源的传承和延续，是实现我国体育旅游产业可持续发展的必然选择。二是对体育旅游资源的保护。我们知道，生态体育文化旅游追求长期效益，以传统体育文化资源为载体，重视对旅游资源的保护，从这个角度看，生态体育文化旅游作为新兴的旅游形式，其旅游资源的可持续发展注定了其可持续发展的功能。三是生态体育文化旅游的规划与管理。生态体育文化旅游作为一种新型的旅游活动，强调在规划、开发利用、经营管理方面遵循旅游规律，合理利用体育文化资源和保护环境。因此，生态体育文化旅游是我国未来体育旅游的重要发展方向。

五、体育文化与生态旅游融合发展的意义

（一）有利于提升体育旅游的品位和层次，树立良好的社会形象

生态旅游从出现的那天起，即焕发出勃勃生机。在发展过程中，生态旅游已经普遍受到社会和世人的青睐。特别是体育旅游与生态理论的结合，大大提升了体育旅游的品位和层次，给人耳目一新的感觉。在产业融合的大背景下，生态旅游与体育文化的结合无疑将体育旅游推向了一个更高的层次，体育文化赋予生态

旅游以体育内涵，使旅游业不再是一种纯粹的健身过程，而是一种欣赏，一种个体向自然的回归，一种个体对自然、生态、体育文化的感悟，一种个体对自然和社会生态的交融和保护，一种实现社会、经济和环境协调发展的事业。生态体育文化旅游的兴起和发展把人文景观和生态理念协调统一，使生态、旅游、娱乐、休闲、度假和健身活动联系起来，使体育旅游活动从单一的健身活动变成一种学习与教育过程，大大提升了旅游产业的品位和层次，树立了良好的社会形象。

（二）有利于改善旅游经济结构，促进旅游经济的发展

传统的社会经济是农业经济，是一种低层次、低水平的经济形态。到了工业社会，工业经济取代农业经济，成为社会主要的经济形态。尽管工业经济给人类居住、生活带来了极大的便利，但是不可避免地给自然环境造成了污染和损害。在后工业时代，社会经济渴求一种结构更加合理、经济与环境协调发展的经济形态。旅游产业与文化产业在技术、产品、企业、市场等方面的融合过程是多层的创新过程。旅游产业与体育文化的结合，将促进传统旅游产业形成新业态、新产品，在满足旅游者多元化需求的同时，也将使旅游产业与文化产业形成新的形式。可以说，旅游产业与体育文化的结合，一方面有利于保护和传承优良的传统体育文化，另一方面有利于促进新兴文化产业类型的挖掘与发展工作。文化产业作为一种特殊的经济形态，目前的市场化时期是实现突破发展的关键。旅游产业的市场化可以为文化产业的市场化提供动力，由旅游市场带来的经济效益可以为文化产业的发展提供经济支持，使文化产业的发展更加符合市场规律，催其生产出具有更高价值和更高质量的产品，进而促进文化产业的质量不断提高。可以说，生态体育文化旅游是朝阳产业，是未来旅游业发展的趋势和方向。

（三）有利于民间体育文化的传承，促进社会、经济和环境的协调发展

工业文明给社会经济带来了飞速发展，但是也催生了一系列污染问题，使人类生存和居住的环境日益恶化。特别是在一些经济不发达的国家和地区，由于经

济利益的驱动，以牺牲生态和环境为代价换取旅游经济的发展，造成了生态环境的严重破坏。体育文化与生态旅游的融合将生态理念和体育文化结合起来，以体育文化为载体，挖掘传统文化内涵，打造新的旅游产业类型，形成良性循环机制，并在旅游发展中潜移默化地成为一种生产力。这一产业类型是对传统旅游产业的有益补充，它的最大意义即强调社会效益、经济效益和环境效益三者的有机结合和协调发展，强调体育旅游的可持续性。因此，生态体育文化旅游对社会和经济的发展、对人民的生存环境和生态环境的改善有着重要的理论意义和实践意义。

第二节 体育产业与旅游产业融合发展的现实基础

一、体育产业与旅游产业融合发展的基本条件

（一）体育与旅游本质上的一致性

追求健康和幸福是体育的本质，人们对健康和幸福的需求也随着精神世界的变化而不断丰富。在现代社会生活中，体育已成为促进人类健康的主要手段。追求健康和幸福同样是旅游的本质，体育锻炼也成为旅游本身实现快乐的重要手段。体育与旅游是相互融合的过程，是自我设计和自我创造的过程。两者都是人类精神生活中不可缺少的活动，它们也具有本质的一致性。

（二）体育与旅游参与过程的一致性

体育与游戏关系密切，体育就是一种特殊的游戏，而趣味性就是游戏的属性。体育游戏具有普遍性和娱乐性，感受和体验乐趣是人们参与体育游戏的主要目的。旅游也是人类的一种实践经验，在这个过程中，人们在旅游中找到了独特的乐趣。体育与旅游是为了满足人们的精神需求，使人们获得体验感，同时促进了体育产业与旅游业融合发展的基础。

二、体育产业与旅游产业融合发展的必然性

（一）消费者的需求促进产业融合

产业融合发展的重要动力来源于消费者的需求。社会不断地发展促使人们的需求不断提升。在体育产业和旅游产业消费结构升级的背景下，消费者对体育产品和旅游服务产品的需求已经转向为二者融合性强的产品。将体育产业与旅游产业进行融合，让各个领域形成相互渗透和交融局面，从而创造新产品、新服务、新业态，最终更好地满足消费者。

（二）市场竞争加速产业融合

面对激烈的市场竞争，企业作为产业发展中最基础的单位，竞先创新，供给市场最适合的产品。在体育产业发展中，体育用品制造业的竞争日趋激烈，而新兴企业抢占地则发展为体育赛事和健身休闲服务业。而旅游产业进入深度挖掘和开发阶段，在激烈竞争的驱动下出现了一个新趋势，即旅游产业和体育赛事、体育娱乐的结合。对于体育产业和旅游产业来说，市场竞争是两大产业融合发展的重要内在动力。

（三）政府政策的支持推动产业融合

政府一系列政策的出台为体育产业良好的发展提供了环境，特别是赛事审批权的放开、管办分离的实行以及改革红利的释放等政策的出台，促进了体育产业与旅游产业的快速融合发展。同时政府履行多项职能，包括政策的转变和实施、体育产业体系的改革、体育市场资源的配置等方面，为促进体育产业健康发展做好强大的后盾支撑。

（四）科技的发展加快产业融合

产业的高速发展离不开科技。互联网的不断发展，为体育产业中各类产品服务以及旅游创新服务的便利性提供了条件，而科技成为其实现服务的催化剂。我

们的旅游越来越多样化和便捷化，这离不开科技的进步。随着科学技术的改革与创新，产业之间的融合更具深度和广度。因此，科技的发展在很大程度上加快了两大产业融合的进程。

三、体育产业与旅游产业融合发展路径

（一）加强融合认识，提高融合理念

两大产业的融合作为一种新的产业模式出现，在我国还处于相对落后的状态，特别是产业融合相关理念存在认识不足和认识偏差，导致两大产业在融合上基本处于初级阶段，阻碍了体育产业与旅游产业的融合发展。对此，应加强产业融合认识和学习，了解国内外体育旅游产业融合相关内容；对两大产业融合进行评估、追踪与协调，从而推进体育产业与旅游产业的融合发展进程。

（二）加强监管力度，确保政策落实

国家近年来多次出台了关于体育产业与旅游产业融合发展的政策性文件，这在一定程度上促进了产业的融合发展。然而政策不能只是一纸空文，必须结合各地实际情况出台相应的政策实施细则，让政策真正惠及市场主体，充分调动起利益相关群体的主观能动性。对此，建立高效的政策监督和监管机制，以确保各级政府部门出台的政策落到实地。

（三）重视人才培养，提供人才支撑

高层次人才是当今社会各行业发展都不可缺少的重要基础。在我国的人才储备中缺少体育产业与旅游产业融合经营管理理论和方法的复合型人才。当今体育产业与旅游产业的融合发展对创新性复合型人才的需求已迫在眉睫，特别是对高层次人才的需求。要重视高层次人才的培养，多途径引进和培育体育产业和旅游产业两方面结合的复合型人才，为体育产业与旅游产业更好地融合发展奠定良好的基础。

（四）加大投资力度，奠定经济基础

任何产业的发展都与资金的投入紧密相关，体育产业与旅游产业的融合发展也不例外。资金投入不够会导致产业发展后劲不足，从而阻碍相关产业的发展。对此，政府应加大资金的投入力度，对体育相关产业给予资金支持。首先，政府应适当加大对产业项目的财政拨款力度，使产业项目可以更加顺利地进行。其次，为体育产业与旅游产业项目建立专项基金，大力吸引相关投资人，拓宽资金来源渠道，为两大产业的融合发展做好资金保障。

（五）加强科技创新，提供融合动力

科学技术是第一生产力，为产业的发展提供技术支持，科技水平的高低会直接影响体育产业与旅游产业融合发展的进程。要想生产新的体育旅游产品，并使新产品具有较强的市场竞争力，就需要相关企业进行科技创新。科技创新对于新的体育旅游产品的打造和体育产业与旅游产业的融合至关重要，运用科技手段，打造体育会展旅游，将有高科技的体育用品聚集在一起，使消费者在体验高科技体育活动的过程中，促进体育用品消费和丰富旅游活动内容。

四、体育产业与旅游产业融合发展的创新驱动机制

技术创新、市场需求、放松管制、企业合作是推动产业融合的动力。另外，技术瓶颈、市场瓶颈、需求障碍、制度障碍、能力障碍是影响体育产业与旅游产业融合的阻力。其中，技术创新是产业融合的内在驱动力，在技术创新的驱动作用下，新科学技术的应用跨越了传统的行业界限，实现技术共享，并确保产业使用通用技术共同成长，但是当技术创新不足、存在技术瓶颈时，体育与旅游产业的业务融合则难以实现。市场需求是产业融合的原始动力，通过营销创新，消除市场准入障碍，突破产业界限，实现业务合并与汇合，形成新型业态。但是当市场需求不足、形成市场瓶颈时，也会阻碍体育与旅游产业的业务融合。当产业管制制度、市场经济体制影响体育旅游产业资源流通时，制度就成为阻碍体育与旅游产业业务融合的因素，所以放松管制是产业融合的客观条件。要通过制度创新

消除资源的流通限制，促进业务的整合和企业跨界合作。企业为追求经济利益而竞合是产业融合的力量源泉，要通过管理创新理顺企业内外竞合关系网络，实现组织融合，推动技术创新成果产业化。影响产业融合的需求障碍包括消费能力、消费行为习惯、消费者的学习能力，这些因素是通过影响体育与旅游产业市场融合进而影响其业务融合的。因此，技术创新、管理创新和市场创新等创新活动可推动体育旅游产业的融合发展。

综合以上分析，可理清如下逻辑：技术创新创造出新产品、新服务，形成新的生产成本函数；创造出新工艺，形成新的产业间关联性。在管理创新、信息化水平的影响下，生产成本函数转化为同行竞合能力，产业间关联性转化为资源整合能力。资源整合能力、同行竞合能力以及整体解决需求是促进体育旅游产业业务融合的动力因素，市场瓶颈、技术瓶颈、管理体制、市场机制是影响体育旅游产业业务融合的阻力因素；顾客消费能力潜力、消费行为惯性、顾客学习能力是影响体育旅游产业市场融合的因素；技术融合为业务融合提供了技术方案，业务融合为市场开发提供了示范服务样本、整体解决能力；在发挥新产品或新服务的示范服务功效、促进顾客学习的过程中，信息化、市场创新发挥着重要作用；在应用整体解决能力、提升顾客消费能力潜力的过程中，信息化、市场创新发挥着重要作用。

第三节　文化创意产业与体育旅游产业的融合

一、文化创意产业与体育旅游产业融合的思想根源

文化创意产业与体育旅游产业的融合不仅仅是技术层面的，更涉及服务、商业模式及整个产业的运作模式等。在整个融合过程中，行业主体及消费者的思想观念起到了至关重要的作用，极大地推动了产业融合的进程。文化创意产业与体育产业融合发展的思想根源主要来自以下三个方面：

（一）旅游者需求层次的提高

对于大部分社会个体而言，文化消费建立在物质消费的基础上，对个人的收入水平有着一定的要求。消费需求是日益发展和提升的，目前居民的日常消费已经不再简单地满足于基本生存需求，而是趋向于高层级的精神消费以及享受型消费，而文化创意与体育旅游恰恰属于高层级的消费需要。随着人们生活水平的提高，旅游中的参与性与体验性逐渐成为人们消费需求的重点，人们已经不能满足于简单的自然风光、风味小吃等，文化内涵、民族特色成为人们新的偏好。此外，人们的旅游消费也逐渐开始注重文化内涵，偏向于精神文化体验与养生休闲，青睐主题游、养生游等。

消费者旅游需求的结构性变化促使旅游市场的内部调整，这就使得旅游市场内部的企业、中介机构和未进入市场的相关潜在企业进行企业内部的战略性调整或主动进入市场。作为体育产业的重要组成部分，体育旅游是当下热门旅游方式之一，也是相关企业和机构改革的目标与方向，他们已充分认识到消费者需求的多元化和个性化趋势。而借助文化创意对体育旅游元素进行包装和宣传是发展体育旅游的关键环节，对文化创意产业以及体育旅游产业二者之间的融合产生了极为重要的推动作用。

（二）消费个体价值倾向改变

人们在消费中追求的目的一般表现在对某个产品的理解或价值认知程度上，或者说，人们的消费行为来源于对某种产品的认知和价值需求。人类的价值观是非常复杂的，是多维和多层的，属于一种心理倾向。对于体育旅游消费来说，它是从属于经济价值观的，属于人们对这类消费的具体价值取向。消费个体价值倾向是消费者消费的主旨与倾向，是无法背离的，每个消费者对相同产品的价值评价都不相同。而体育旅游属于一种独特的消费方式，因而其所能够满足的个体消费需求就成了关键的主观判断因素之一。没有消费者普遍的价值评价和追求，体育旅游的发展动力便会不足。

经济的不断发展使人们消费的选择自由度与范围不断扩展，人们消费的倾向性也越来越多样化和去限制化。人们的消费方式实际上都是在一定的消费条件下所做出的对生活方式和风格的选择，根源是人们的心理认可和需求欲望。按照马斯洛的需求层次理论，层次越高的消费品提供的精神意义越重要，相应的符号特征越突出，象征型消费也就越具备倾向性。体育旅游产品作为一种层次相对较高的产品，其发展动力正源自消费者个体价值倾向在需求层次上的攀升。

（三）可持续发展思想的深入

可持续发展思想在本质上要求经济、社会与自然和谐发展，它以传统的发展理论为基础，要求在经济发展的同时不能以环境破坏为代价，不能危及子孙后代的正常资源需求，将资源保护和环境保护融合，以改善人们的生活质量为目标，提升人们的幸福指数。文化创意产业与体育旅游产业的本质特征均符合可持续发展思想及其理念的基本要求，因而在新的经济社会环境下成为被大力发展的新兴产业。因此，二者的融合发展也成为重要的趋势，是可持续发展战略的必然要求和重要体现。

粗放式发展已经对我国的环境与资源造成了严重伤害，水污染、空气污染严重影响到人们的生活质量及身体健康。人们已经深刻认识到环境保护的重要性，杜绝环境污染与资源浪费、坚持可持续发展的观念已经深深融入人们的消费观中。文化创意产业和体育旅游产业不仅是集约型产业，也是绿色产业，在生产的过程中不会产生环境污染、资源浪费等现象。

二、文化创意产业与体育旅游产业融合的基础条件

居民的收入及消费水平的提升直接决定了文化创意产业的生产能力、市场规模及发展能力。此外，市场及政府等外界因素的变化与引导也会对文化创意产业的发展起基础性作用。

（一）消费水平提升

居民消费水平提升的关键因素是我国经济整体的飞速发展。在我国大力发展文化产业、进行供给侧结构性改革的政策背景下，居民在满足日常生活需求的基

础上逐渐开始注重精神层面的满足，开始进行精神文化产品消费，而文化创意产业和体育旅游产业的相关产品正属于精神文化产品的范畴。精神文化产品与以往一般商品的不同之处在于：精神文明消费建立在物质消费得以满足的基础上，且企业和消费者均需要了解文化创意产品的精神内涵并认同其精神价值。文化创意产业和体育旅游产业的消费主体目前一般以受过高等教育的学生、学者以及青年为主。这类人群容易接受新兴事物，并有一定的消费水准，他们的自身消费以及带动周边人群进行理性的文化创意产业消费，对促进产业的融合发展起到至关重要的推动作用。

(二) 旅游市场环境变化

目前，我国的传统旅游市场已经饱和且其发展趋势呈现疲软状态，相关产业的延伸利润固定化甚至呈现出下降的趋势。随着企业旅游产品的更新发展，创新转型已经成为旅游企业的唯一出路。优质的旅游企业通过战略结构调整，将文化资源作为重点开发对象，加强创意创新的开发利用，通过对文化创意产品类型和内涵的不断挖掘和创新，获得了独特的竞争优势。除此之外，体育旅游是现代旅游市场的新方向，也是企业盈利的最新产品，文化创意产业和体育旅游产业的融合是旅游市场发展的必然结果，其高附加值、高体验性等特征吸引企业尽快加入文化旅游市场。

市场需求在产业融合与发展的过程中发挥了巨大作用。市场通过价格和资源配置等手段，促使部分区域发展了成规模的体育旅游景点，并最终形成相对成熟的体育旅游产品。这一过程无疑是体育旅游产业不断调整自身的产品类型以迎合市场需求的结果。体育旅游产品一旦形成，便会自主形成不断调整和优化升级的正循环体系，并通过这种体系形成竞争优势，引导消费者和旅游群体前来旅游并产生一系列消费行为，消费反作用于生产，从而促使体育旅游产业不断调整自身的产品类型，最终形成与体育旅游产业息息相关的服务消费市场。在这一过程中，借助文化创意产业提高体育旅游产品的吸引力是重要的战略选择。由此可以看出，在市场消费的强力带动和引导下，体育旅游产业在发展过程中与文化创意产业进行融合可不断增强市场竞争力，从而实现可持续发展。

（三）政府引导力增强

政府在产业融合发展的每一个环节都发挥着重要作用，是外部动力因素之一。文化创意产业与体育旅游产业的快速发展离不开政府在背后强大的政策动力支持。政府不仅需要提供一个适宜发展的宏观环境，也需要通过一系列政策手段营造一个良好的微观环境。

产业融合发展过程中政府的驱动作用有：第一，基础设施建设。文化创意产业及体育旅游产业都需要较为强大、完善的基础设施作为发展的前提。但是由于基础设施建设需要的投资金额较大，并且投资回收期长，企业自身无法负担，只能依靠政府展开先期投资建设。第二，政策支持。地方政府有效的政策保障措施，可以协调好体育旅游产业与其他产业融合进程中的分工，从而营造良好的融合氛围，构建产业融合发展的良好政策环境。第三，发展规划支持。越来越多的投资商或企业会在政府政策偏向的引导下进入文化创意产业与体育旅游产业，这不仅局限于文化和旅游产品，餐饮、住宿等服务设施也会逐步完善，从而达到一定的集聚效应。第四，发挥典型示范作用。政府着重培育具有良好发展潜力的企业，通过其发挥模范带头作用，扩大文化创意产业与体育旅游产业融合的范围与深度。在这种产业融合与集聚效应的背景下，更多的人才、资金、技术会流入旅游产业，起到良性循环的效果，从而推动文化创意产业与体育旅游产业的快速发展。

三、文化创意产业与体育旅游产业融合发展的模式

（一）体育主题游模式

体育主题游是以打造运动名片为中心，充分彰显体育运动个性与特色的体育旅游发展模式，同时也是通过各类手段对品牌进行包装、加工和突出文化创意的商业模式。

1. 模式理念

体育主题游不仅以体育运动及综合娱乐为核心来吸引游客，也注重打造品牌

形象以带来持续的品牌效应，促进各种项目及资源的纳入与活动的丰富化，即将体育项目及其相关活动品牌化。品牌化的体育运动及相关活动可通过丰富游客的体验来吸引游客主动消费，从而在体育项目参与的过程中产生经济活动，创造经济效益。

当前世界处于体验经济时代，而旅游产业则是体验经济的突出代表，因此，旅游带给游客的特殊体验感以及延伸产品的体验设计都是当前旅游业的主要潮流。体育主题游强调游客在旅游中的主观真实感受，要让游客在参与体育活动的过程中真切体验项目的娱乐性与运动性，通过别具一格的创意设计，丰富游客的体验。随着居民生活水平的提高与市场经济的飞速发展，简单的自然风景观光体验已经不能满足游客出游的目的，他们追求的是更高层次的精神需求。因此，体育主题游要让游客在参与体育项目的过程中提高心理满足感和社会参与感。

体育主题游作为文化创意产业与体育旅游产业融合的重要模式之一，虽有较好的发展态势，但由于社会经济、文化的发展水平有限，政府部门及旅行社对其的宣传和促销力度不足。我国是一个文化氛围浓厚的旅游大国，政府对文化与旅游资源有着详细与全面的整体规划与调配政策，但相关的资源规划尚未得到规范性发展，仍处于初级的开发阶段，没有相对应的直接领导部门，相应的规章管理制度以及旅游资源开发管理规范也并未出台。总体来讲，宏观的规划及指导尚未具体化，可操作性有待提高。

2. 模式发展的元素

首先是体育本体资源的开发。体育本体资源是体育主题游发展的核心，其内容十分广泛，其中最重要的是体育赛事及健身休闲运动。只有时刻紧抓体育本体资源的发掘，从特定的旅游需求的角度出发，系统地考虑资源共享与传承以及资源的创意化等问题，才能从根本上找到推动体育主题游发展的动力。

其次是游览主题的设计。体育主题游，顾名思义就是需要在游览的过程中建立一个关于体育的游览主题。通过主题的文化创意设计，让游客以最快捷的方式了解到该旅游产品的内容及特点，在最短的时间内激发游客的游览兴趣。

最后是游览设施的建设。体育主题游突出游客在游览过程中的参与性与体验性，强调游客的主观能动性。因此，体育主题游的一个重要的发展元素就是体育设施的建设。丰富完善且具有创意性的体育旅游设施能够有效提升游客参与过程中的满足感，提高游客对景区或活动的印象分。

（二）体育节庆游模式

体育节庆游是以当地固有的节庆为主体，进行节庆所包含的相关文化和体育项目与内容的开发和设计，其核心在于节庆，相关内容也与节庆紧密相关。

1. 模式理念

我国作为一个有着 5000 多年文化的历史大国和 56 个民族的统一的多民族国家，文化绚烂缤纷，吸引了广大国内外游客前来旅游体验，其中各民族特有的体育文化更是凝聚了各民族的精神文化底蕴。体育节庆游将独特的礼仪和娱乐融入传统的民间特色体育项目，以吸引中外游客前来参观与体验，不仅可以获取良好的经济效益，也可以将我国的传统民间特色项目发扬光大。

随着科技日新月异的发展，体育项目的发展离不开与科技的融合，结合高新科技打造的现代体育旅游产品，如航空模型、无线电测向等深受年轻人的喜爱，吸引了大量家庭购买、参与，从而拉动了旅游消费。体育节庆游是体育旅游重要的表现和盈利形式之一。首先，体育节庆游所吸引的大量游客通过节庆期间的吃、住、行、游、购、娱，给节庆举办方带来了可观的经济收益；其次，在发展和普及高新科技的同时弘扬和传承优秀的民间特色鲜明的体育项目，可实现对既有文化的创意性设计，让其所蕴含的优秀传统体育特色文化得以传承。对于体育节庆游而言，资源的保护及开发水平是关键。我国历史源远流长、文化内涵丰厚富足，虽然人文资源与自然资源丰富，但由于其历史性与不可逆转性等特征，在产业融合的过程中，仍需注重对相关人文和自然资源的保护，否则无法保证可持续发展。

2. 模式发展的元素

首先是节庆的体育文化资源的创意性设计。节庆的体育文化资源是指节庆中特有的体育文化项目及相关资源（如端午节的赛龙舟）和非节庆过程中可能涉及的非特有的体育文化资源（如春节期间的相声和戏曲表演等）。这一资源又可分为传统体育文化资源与现代体育文化资源两部分。我国是一个历史悠久的统一的多民族国家，各族人民在广阔的土地上繁衍生息，创造出了璀璨的文化与文明，并且孕育出了具有独特民族风情的民间节庆体育运动。时至今日，这些具有民族特征与时代特征的民间节庆体育运动已经成了我国体育文化资源的重要组成部分。随着时代的变迁，现代科学技术在我们的日常生活与消费中越来越普及，对于体育节庆游这一旅游模式来讲，传统文化的创意型设计对推动其发展有着不可磨灭的作用。通过与文化创意产业融合，将传统文化加以提炼和总结，可以大幅提升体育节庆游的文化内涵与档次。另外，融入中国传统文化的体育节庆游对国外游客有着更大的吸引力，使得越来越多的国外游客加入我国体育节庆游的行列当中。

其次是高新技术的发展。体育节庆游不能只包含传统的文化与风俗。随着高新技术的不断发展，越来越多的人开始重视现代技术，尤其是对于下一代的培养，高新技术成为不可忽视的重要部分。体育节庆游通过与文化创意产业的融合，将高新技术合理地融入旅游资源中，让游客在游玩的过程中接触、了解高新技术元素，以寓教于乐的形式，吸引来自四面八方的游客尤其是青少年游客前来参与，不但促进了活动的开展，也促进了文化创意产业以及高新技术的发展。

最后是社会需求的转变。随着国家文化软实力的增强以及世界各地文化产业的高速发展，民众的消费需求重点明显由物质层面转向精神文化层面。社会结构的改变也直接导致消费者在经济、声望及权利方面有更强烈的需求。精神文化消费不但满足了消费者自身的文化需求，由于其属于中高端消费，也是体现消费者自身社会阶层以及提高自身心理满足感的重要途径，有助于满足消费者在社会声望、社会荣誉等方面的需求。

3. 模式代表

"那达慕"大会由蒙古族的"祭敖包"发展而来，起源于13世纪末14世纪初，每年农历六月初四开始，为期五天。"那达慕"大会既是蒙古族人民喜爱的一种传统体育活动形式，也是蒙古族人民生活的重要部分，是我国为数不多的具有鲜明民族特色的传统活动，是草原上一年一度的传统盛会。"那达慕"大会的内容不仅包括传统的蒙古族男子三项技能（射箭、赛马和摔跤），还增加了球类比赛、文艺演出、物资交流、劳模表彰等内容，是将节庆中的体育要素进行文化发掘与创意发展的典型。多年来，"那达慕"大会的内容逐渐丰富，不仅是当地文化创意产业与体育旅游产业融合发展的典型项目，更为内蒙古地区创造了良好的经济收益，且传承与发扬了蒙古族独特的民族文化，也增强了我国的文化软实力。

（三）体育内涵创意游模式

随着体育产业的日益壮大，人们的视线已经不仅仅停留在日常的赛事、运动或表演的表象，其背后所蕴含的体育与文化的内涵与价值越发吸引消费者和游客。

1. 模式理念

体育内涵创意游是指对具有体育内涵的项目进行文化创意设计和包装，从而吸引游客观赏或参与相关项目，其核心正是对旅游项目的体育与文化内涵的挖掘及其表现手法的创意设计。由于消费者具有获取体育文化感受的需求，相关企业通过转化体育文化资源为获取效益的设计，以旅游为手段达成交易。另外，拥有源远流长的文化内涵的人文景观对于体育文化旅游而言，无疑是必不可少的重要资源，只有将文化底蕴通过文化创意设计与体育旅游有序结合，才能实现传统体育旅游产业结构的优化升级，不仅保护了传统体育文化，也能够吸引更多游客前来观赏游玩。

文化创意产业本身就是使与文化有关的创意消费和创意资源互动的市场现象，体育内涵创意游就是将文化创意与体育资源相结合，将体育项目背后所蕴含的文化通过一定的演绎手段表达出来，并通过旅游达成交易，让游客通过参观欣赏体会到各类型体育运动背后深厚的文化底蕴和内涵，从而引起游客的情感共鸣，推动文化创意产业和体育旅游产业的进一步融合发展。对体育内涵创意游的发展而言，最重要的还是内涵与创意的凝练，是否有丰富的文化内涵、价值创新的产品做支撑，将会直接影响产业融合的程度与效率。就目前形势分析，我国体育内涵创意游虽然已经有了一定的发展，但仍以旅游为主，创意元素涉及得较少，产品类型单一，不足以支撑此类旅游模式的高效发展。

2. 模式发展的元素

首先是创意及媒介支持。产品的创新、市场的满足以及文化内涵的发掘都需要创意的存在，更需要媒介的合理支持。需要将文化创意产业与体育旅游产业蕴含的核心价值进行优势互补，同时要合理使用创意来提升二者的关联度，让体育精神与文化合二为一，使体育内涵创意游的横向纵向同时快速发展。

其次是新型市场营销手段。数字化科技发展背景下的今天，纸媒等传统的营销手段已经远远不能传达出产品的内涵与新意。在"互联网+"时代，营销手段也大力发展，微博、微信及各大应用软件成为营销的重要途径，虚拟现实（VR）、增强现实（AR）以及人工智能（AI）的发展也为市场营销起到了良好的辅助作用。

最后是旅游产品体系化。在产业经济的背景下，产品体系化建设成为企业关注的重点。对于休闲养生健康游而言，游客无法通过一次旅游彻底改善身心的亚健康状态，许多行业内的龙头企业，针对客户的不同需求与实际状况，制订了一系列产品方案或课程计划，与消费者达成阶段性协议，提供连续服务。此类做法逐渐盛行，不仅为消费者提供了相对完善的健康调理方案，也给企业带来了持续性收入。

四、文化创意产业与体育旅游产业融合发展的对策

（一）加强政府职能，建立可靠的产业融合发展保障

外部环境对文化创意产业与体育旅游产业的融合有巨大的影响，而政府正是外部影响因素之一，其对推动二者融合发展有着至关重要的作用。部分发达资本主义国家在全球化的进程中，为了最大限度地提高企业的利益，创造更好的环境，占有更多的资源以突显竞争优势，对各项经济管理制度进行了适当的改革。例如提供了一些相对宽松的政策环境，降低了部分被规制产业的准入门槛，部分价格、服务和投资等方面的限制被取消等。这些措施加速了其产业的国际化发展，为产业融合与发展营造了良好的外部环境。空间优化及创新可以为产业间的融合奠定基础，同时也体现了政府扶持力度之大。我国在产业融合和文化创意发展领域的政策还有待完善。首先，政府应通过建立一个较为可靠的政策支持和投资环境，吸引更多的相关企业与要素进入该市场，壮大市场规模；其次，提供完

善的基础设施与公共服务平台，为产业融合消除后顾之忧；最后，强调服务意识，提升服务水平与行政效率，建立良好的政商关系，成为企业与企业之间沟通的桥梁。政府应着力发展我国文化创意产业，促进"文化+"发展，发挥我国五千年历史文化的优势。

（二）注重历史文化内涵保护与传承，走可持续发展道路

文化创意产业的本质是内容产业，内容是实而不是名，真正决定产业核心竞争力的是其内容价值。而文化创意产业和体育旅游产业的结合，其核心就是文化。博大精深的中国历史造就了丰厚的文化底蕴，其中源远流长的体育文化更是不胜枚举。体育旅游正是"以人为本"的文化旅游资源外在价值的具体体现，因此融合了体育文化的旅游资源具备了知识经济时代的特征，即丰富的知识性、开发利用的持续性、形式多样的创造性。在发展产业融合的过程中，必须时刻注重对历史文化的保护，坚持走可持续发展道路，有序地开发体育人文资源，这有利于保护与开发文化资源，促进传统体育文化的传承，同时也可以增强体育文化创意旅游的吸引力。

（三）依靠科技进步加强创意开发，切实紧抓游客需求

从20世纪人类经济社会发展的过程中能明显看到，技术的科学性和创新性已融入各个生产要素中，在生产中得到了充分的应用，已经成为一种真正的生产力。目前，创意已经成为一些发达国家发展体育旅游产业的重要趋势，创新力是一种现实竞争能力，也是体育旅游产业发展的核心动力。当前是科技日益发展的时代，创意发展和科技进步紧密结合，适当运用科学技术能够促进创意元素的开发。同时，创意也可以促进科学技术的进步。因此，相关企业要有先进的管理理念，不断创新，更新技术，利用工艺和生产方式来保障和提升产品质量，并在此基础上拓展新的产品项目，不断为客户提供新的服务，从而提高市场占有率。

单纯依靠文化与普通旅游模式不能推进体育旅游的持续健康发展，只有紧密依靠科技进步加强创意开发。旅游业整体科学水平的提升，也就意味着旅游业的发展打开了新视角，找到了新的增长点。同时，时刻关注游客的消费需求也是创

意开发的另一个重要落脚点，只有切实了解游客的一系列需求，才能生产出吸引游客参观消费的体育旅游产品。

（四）优化产业结构，加快完善产业融合与发展

在经济结构优化中，文化创意的渗透融合使得传统产业的边界变得模糊。在数字化技术的助力下，文化创意产业以跨界关联整合不断提升优化传统产业结构，在技术含量和内容增值的融合下，驱使文化产品不断升级换代，从而为大众消费提供有效供给。以文化创意为驱动力的融合发展，使各领域的传统产业交叉渗透，促使体育旅游业进行资源的优化配置，进而扩充产业结构，完善产业链条，推动整个产业的联动和更新，实现资源结构和产业成长模式创新。在经济新常态下的产业调整期，文化创意产业和体育旅游产业的发展应当由数量和规模的粗放式增长转向质量和效益的结构优化，必须增强其内生动力，使两大产业产生多层面的融合，从而使其在深层次结构调整中培基固本，为可持续发展注入内生动力。

旅游产业除了涉及简单的吃住等的旅游行业，还包括信息、金融等在内的其他服务行业，形成了联系密切的产业集群。相关资料显示，在旅游业中新增任何一个岗位都有可能解决七个人的就业问题。另外，体育产业是文化产业的重要组成部分，有着不可替代性，其具备的影响力和渗透性对旅游业有着非常明显的促进作用。目前，国内旅游和文化产业之间的融合还处于起步阶段，属于新兴业态，许多方面发展并不成熟，因此必须快速优化产业结构，大力推动完善产业融合的节奏，才能取得优异的产业成果。

五、文化创意产业与体育旅游产业融合发展的趋势

在全球文化创意产业与体育旅游产业飞速发展的过程中，两大产业的融合发展逐渐成为新的行业发展趋势。文化创意产业与体育旅游产业的融合不但丰富了文化创意产业的行业内涵，也极大地推进了体育旅游产业的发展。因此，立足产业融合这一理论基础，科学分析其内在发展规律，总结和概括文化创意产业和体育旅游产业融合发展的趋势，对促进二者的融合发展有积极作用。文化创意产业

与体育旅游产业的融合发展已有一段历程，以两大产业其中之一向另一产业的延伸为主要特点。本研究分别从两大产业入手，对其融合发展历程进行梳理，从而厘清其融合发展趋势的主要特点以及融合得以实现的关键环节。

（一）文化创意产业向体育旅游产业的延伸与渗透

文化创意产业的发展通常源于文化载体（如小说、电影等）本身的发展。但随着产业的发展，在市场竞争的作用下，吸引潜在消费者，给予其良好感官体验以及深刻影响的、具有设计性质的产业不断出现，如广告、艺术设计和服装设计等产业逐渐涌现且具有现实生命力，此类产业均具有明显的文化和创意设计的内涵。随后，更加纯粹的以文化创意及其设计推广为核心产品的产业不断出现，如源于国外的"创客"和"极客"，其实质都是以自身创意为核心进行产品的市场化，而充分结合现实市场需求的文化创意自然是最具生命力，且发展前景最好。在这一背景下，许多针对其他产业的现实需求而进行的文化创意设计（包括产品、宣传等方面）产生便迎来了显著发展，而"创意旅游""体育旅游业的创意发展"等产业融合现象成了最具代表性的部分。

文化创意产业的发展与产业结构升级及产业融合紧密相关。首先，随着市场和产业的发展，文化艺术类产品生产者所具有的文化修养与创造能力促使纯粹的文化艺术类产品生产发展为具有应用性质的设计产业，并在不断发展完善的过程中出现了不同类型创意的产品化和市场化，即文化修养和创造能力融合升级为创意能力，并产生以创意为产品核心的产业升级现象。其次，在市场机制的引导下，创意产品要通过实际应用方能更具收益性，从而具有生命力，因此文化创意设计得到长足发展。最后，文化创意设计水平和深度的不断提高，促成了文化创意产业与其他产业更加深度的融合延伸，而体育旅游业正是其中之一。

（二）体育旅游产业的文化创意化

体育旅游产业的实质是体育产业与旅游产业的融合。对于国内来说，体育产业和旅游产业因其内容性和消费层级的高端性，均在我国经济高速发展的历程中获得了较大发展，如北京奥运会场馆旅游、少林寺武术文化旅游、各少数民族地区旅游中的体育项目表演与体验和西安国际马拉松赛等。

从发展历程来看，最初体育旅游产业仅以利用当地旅游相关资源禀赋创造体育项目的方式来发展。随着经济的发展和消费者消费需求层次的提高，类似洛杉矶奥运会场馆旅游、北京奥运会场馆旅游等通过赛事带动旅游业发展的现象逐渐普及化。这一阶段的体育旅游产业已体现出对以奥运会为代表的体育赛事文化的依赖，出现文化化现象。随后，体育旅游产业不仅仅依托赛事文化，更与地区特色体育文化相结合，如嵩山少林寺充分利用其武术相关文化对外宣传以吸引游客。在激烈的市场竞争中，不对既有文化进行创意化加工和宣传便无法持续吸引游客，因此近年来体育旅游产业多对其体育文化进行创意性加工。例如，少林寺旅游通过互联网对其具有历史和武术内涵的人物、器械、功法和功夫研究等的具体内容进行宣传，并设置游客体验和教学项目以提高游客的体验感，本质上体现了对其既有体育文化的创意性加工。

第六章　乡村视角下的文化产业与旅游产业的融合发展

第一节　乡村视角下的文化产业与旅游产业理论基础

一、乡村文化产业认识

（一）乡村文化产业概念

乡村文化产业是以市场为导向，将农民作为生产创作的主体，围绕着提高经济效益的核心内容，通过作坊式生产的模式，促进具有地域性特征的传统历史文化资源向现代文化服务与文化商品的创新生产模式转化发展的一种产业。从这个定义中，我们可以找出乡村文化产业不同于一般文化产业概念的几个基本属性：一是地域性，不同于都市的文化产业，是在县域及以下行政区域内的农村发展的文化产业；二是主体性，乡村文化产业发展的行为主体是农民或农村长期居住人口；三是生产方式局限性，乡村文化产业大多是以家庭为单位的小作坊式生产；四是资源独特性，乡村文化产业以挖掘地域性传统历史文化资源为主，包括民俗文化资源、旅游文化资源，等等。

按照不同的文化资源类型和发展模式，乡村文化产业可大致分为以下四类：

1. 文化旅游类

文化旅游类是依托乡村自身的秀丽自然风光、历史文化古迹、独特农家风情等资源进行旅游产业开发。

2. 文化演艺类

文化演艺类是依托二人转、皮影戏、杂技、花鼓戏、柳琴、坠子等文化表演艺术与传承资源进行演艺产业开发。

3. 文化产品生产类

这类乡村文化产业又分为两种，一种是具有传统的文化手工艺品生产传承史，依托其独特的历史文化价值进行生产开发；一种是后天形成，根据市场需要依托农村较低的生产成本优势进行生产开发。

4. 文化服务类

限于乡村和城市文化服务资源的差距，这种乡村文化产业类型很少，这里主要指一些乡村通过产业开发打造影视拍摄基地。

这几类产业虽然区别明显，但在发展过程中又有相互融合的一面，譬如在发展旅游产业的同时可以打造特色旅游文化产品，还可以结合其他产业特点打造特色演艺游、影视基地游等。

（二）乡村视角下文化产业发展的现状

1. 乡村文化产业发展有地方特色

乡村建设的目的是为农民打造舒适安稳的居住环境、高品质的旅游胜地和便于农业生产发展的广阔平台。这不仅符合社会主义新农村的建设要求，更为发展环境友好型、资源节约型社会打下了良好的基础。建设发展社会主义新农村是一项重要的、需长期坚持的任务。从本质上看，建设新农村应围绕着经济的中心进行，进一步促进农村的生产力得到解放和发展。为了保证农民增收、粮食增产，要将社会主义新农村快速建设起来，就要以乡村建设为依托，促进具有地方色彩的乡村文化产业大力发展。同时，还应充分发挥文化产业高能、环保、创新的优势，打造地域特色鲜明的产业发展之路。此外，还应促进文化产业与乡村地方特色结合，发展能体现地方特色的经济，这样不仅能使当地农民对乡村文化产业建设有更全面的认识并积极地参与其中，还能有效减少产业模式雷同的情况，打造地域色彩鲜明的乡村文化产业，树立农村独特的品牌形象，促进农村基础设施与地方经济更快更好地建设和发展。

2. 农民生活水平不断提高

乡村文化产业的进一步推进与落实需要做到以下几点：要建设好乡村公路，更要配备专门的公路养护工人，将其维护好，管理好，以减少危桥、危路在农业生产方面造成的损失；同时，推动乡村能源建设的进程，对农村电网实施新一轮升级改造工程，加快小水电代燃料工程、电气化县以及水电新农村建设的进度，鼓励农民使用太阳能、风能，大力发展新能源，利用林业废弃物和秸秆制造沼气；鼓励和支持新技术的开发和应用，为农民提供安全的生存环境，推进农村信息基础设施的建设。

二、乡村旅游产业认识

（一）乡村旅游产业背景

1. 乡村振兴战略指引

要落实乡村旅游与休闲农业的精品工程；建设一批设施完备、功能多样的休闲观光园区、森林人家、康养基地、特色小镇、乡村民宿；利用闲置农房开发建设养老、民宿等项目；与此同时，还要快速发展森林草原旅游、河湖湿地观光、冰雪海上运动、野生动物驯养观赏等丰富的旅游项目，积极开发观光农业、游憩休闲、健康养生、生态教育等服务，打造特色鲜明的精品旅游路线和生态旅游示范村镇，创建生态环保、绿色的乡村生态旅游产业链。

2. 城镇化进程加速推进

发展乡村旅游离不开交通、供水供电、商业服务、环境保护、文化休闲、医疗卫生等基础服务设施。城镇化的深入推进淡化了乡村与城市的边界，带动了周边乡村基础设施特别是服务设施的完善，城乡基础设施一体化的发展趋势改变了农村落后的面貌，优化了乡村的人居环境，为乡村旅游产业提供了硬件支撑。在我国，每年都有大量乡村人口向城市转移。随着城镇化的继续推进，每年都将有大量宅基地、空心村、校办企业、校舍、坡地村镇等各类空间闲置，为乡村旅游产业的发展提供了充足的空间资源。此外，城市居民是乡村旅游的主要客源，快速的城市化导致人们的生活节奏加快，城市居民往往有着强烈的乡村怀旧需求。

很多城市居民渴望体验乡村慢生活，感受田园风光，回归自然。

3. 各级政府大力推动

在乡村振兴战略的带动下，从中央到地方，各级政府都将发展乡村旅游产业作为实现乡村振兴、解决"三农"问题的重要抓手，各部门从农业发展、产业带动、耕地保护、生态保护、扶贫政策等方面，都给予了不同方面的支持。

（二）乡村旅游产业主要模式

目前选择乡村旅游的游客，其动机主要有两大类：一类是追求新奇、满足好奇心，这方面需要对文化资源深入挖掘；另一类是纯粹想体验乡村生活，这方面需要对自然资源进行深入挖掘。从以上两个视角出发，基于对文化资源和自然资源的依赖程度，可将乡村旅游所包含的田园风光旅游、自然风光旅游、民俗风情旅游、村落乡镇旅游、科普教育旅游五大模式进行划分。换言之，田园风光旅游和自然风光旅游主要是风景驱动型；民俗风情旅游和村落乡镇旅游主要是文化驱动型（物质文化和非物质文化），同时也需要良好的自然风光；科普教育旅游主要是知识驱动型（广义上的文化驱动型），需要将农业、乡村风貌背后的知识理论作为重点。

1. 田园风光旅游模式

该模式包括园林观光游、农业科技游、务农体验游等。该模式在农产品、农业生产生活、农村田园景观的基础上，开发出了特色鲜明、形式丰富的主题休闲活动，如花卉游、农业游、林果游、牧业游、渔业游等，使游客回归自然、体验农业的心理需求得到了满足。

（1）田园农业游

将大田农业作为重点，组织开展观看农业生产、欣赏田园风光、学习农业知识技术、购置和品尝绿色食品等丰富多彩的旅游活动，实现游客体验与了解农业的目的。

（2）园林观光游

围绕园林与果林，开展赏花、观景、踏青、采摘、购买果品等多种旅游互动活动，吸引游客观光绿色景观，与自然亲近互动。

（3）农业科技游

围绕现代农业科技园区，组织开展温室大棚生态农业和设施农业、高新区新农业品种和技术园区的观看活动，帮助游客了解现代化农业生产技术与知识。

（4）务农体验游

开展丰富的农业生产互动活动，为游客提供与农民同住、同吃、同劳动的机会，使游客与实际的农耕文化、农业生产近距离接触，深刻体会特殊的乡土气息。

2. 自然风光旅游模式

该模式主要包括森林公园游、湿地公园游、露宿营地游等旅游项目，并充分利用农村静谧的绿色森林、优美的自然风光、碧波荡漾的湖水等，发展登山、观山、滑水、滑雪、森林浴、赏景等丰富多彩的旅游活动，帮助游客亲近自然，感悟自然，回归自然。这一模式主要依靠建设融入自然的休闲度假村、休闲农庄、乡村酒店等方式创造经济收入。

（1）森林公园游

森林公园游以地形多变、山峦起伏、溪流交错、森林茂密、景色秀丽、环境优良、气候舒适为特点，是人们回归自然、休闲、度假、野营、避暑、科学考察和森林浴的理想场所。

（2）湿地公园游

湿地公园游生物多样性极为丰富，动植物、微生物众多。湿地公园有多样的景观类型，空间形态丰富，景观体验多样，有水域、森林、草坪、农田、广场、亭廊等景观元素，各元素之间相互影响、相互渗透，组成丰富多变的景观格局。

（3）露宿营地游

露宿营地游是利用帐篷、高架帐篷床、睡袋、汽车旅馆、小木屋等方式在郊外过夜，享受大自然的野趣及生态环境提供的保健功能，欣赏优美的自然风光并参与其他休闲娱乐活动的一种旅游项目。

3. 民俗风情旅游模式

该模式包括农耕文化游、民俗文化游、乡土文化游、民族文化游等，在农村特有的民俗文化与风土人情的基础上，将乡土文化、农耕文化及民俗文化的特色充分展现出来，开发时令民俗、民间歌舞、民间技艺、节庆活动、农耕展示等旅游活动，促进乡村旅游形成更深厚的文化内涵。

（1）农耕文化游

农耕文化游利用农耕技艺、农耕用具、农耕节气、农产品加工活动等，开展农业文化旅游。

（2）民俗文化游

民俗文化游利用居住民俗、服饰民俗、饮食民俗、礼仪民俗、节令民俗、游艺民俗等，开展民俗文化游。

（3）乡土文化游

乡土文化游利用民俗歌舞、民间技艺、民间戏剧、民间表演等，开展一系列与乡土文化相关的旅游项目与产业。

（4）民族文化游

民族文化游利用民族风俗、民族习惯、民族村落、民族歌舞、民族节日等，开展民族文化游。

4. 村落乡镇旅游模式

该模式主要包括古民居和古宅院游、古镇古村游、民族村寨游和新农村风貌游。

（1）古民居和古宅院游

古民居和古宅院游结合明清两代的古老建筑，促进当地观光旅游产业的发展。

（2）古镇古村游

古镇古村游利用古镇房屋建筑、古寺庙、街道、居民、园林、店铺等，促进观光旅游业的发展。

（3）民族村寨游

民族村寨游充分发挥传统村寨的民族特色，促进观光旅游业的发展。

（4）新农村风貌游

新农村风貌游在现代农村的居民庭院、村庄绿化、建筑、工农企业、街道格局的基础上发展观光旅游。

5. 科普教育旅游模式

该模式通过建设农业产品展览馆、农业博物馆、农业观光园、农业博览园、农业科技生态园,为游客创造大量了解农业历史、增长农业知识以及学习农业技术的旅游机会。该模式主要包括农业科技教育基地游、观光休闲教育农业园游、少儿教育农业基地游、农业博览园游等各种旅游活动。

(1)农业科技教育基地游

农业科技教育基地游围绕着科研设施开发景点,将高新农业技术作为教育的教材,对中小学生及农业工作者开展农业技术教育,打造融科研教育、科技示范以及农业生产为一体的新型科教农业园。

(2)观光休闲教育农业园游

观光休闲教育农业园游利用当地农业园区的资源环境、现代农业设施、农业生产过程、优质农产品等,开展农业观光、参与体验、DIY 等教育活动。

(3)少儿教育农业基地游

少儿教育农业基地游利用当地的农业种植、畜牧、饲养、农耕文化、农业技术,让中小学生参与休闲农业活动,接受农业技术知识的教育。

(4)农业博览园游

农业博览园游展示当地的农业技术、农业生产过程、农业产品、农业文化,让游客参观。

三、文化产业与旅游产业融合的系统结构

(一)系统理论的来源

关于系统的定义,美籍奥地利理论生物学家路德维希·冯·贝塔朗菲(L. V. Bertalanffy)作为"一般系统论"的奠基人,首先将系统论运用在生物学的研究中,他认为系统是由相互作用着的若干元素所组成的复合体,处于一定的相互关联中并与环境发生关系的各组成部分(要素)的总体(集合)。从中我们可以了解到,相互之间存在一定关联的要素或者整体事物的集合体就是系统,一个系统实质上是一个集合或整体,其具有整体性的基本特征属性。此外,其还有联动

性、目的性、结构性、衍生性、层次性、组织性等特征属性。在某些具体领域或学科的研究中，系统论这种研究方法的运用日益频繁，它同样适用于文化与旅游产业的融合发展研究。

（二）文化产业与旅游产业融合创新系统属性

社会生产力的提高会细化社会分工，带动产业发展。产业是具有相互作用的、具有同类属性的经济活动组成的系统或集合，相同产业中开展进行的经济活动性质相同或相似。旅游景区、旅游公司、旅游餐饮等与旅游市场相关的各个企业全部属于旅游产业，这些企业开展的各种经济经营活动全部围绕着旅游产业的游、行、吃、住、娱、购几大要素进行，都具有旅游方面的属性。文化产业指产业化发展的文化，是以文化为核心，围绕其进行生产和销售活动，刺激市场产生大量消费，创造经济效益的产业，文化属于其共有的属性，围绕这一属性可进行生产制作、创意策划、反馈、消费等经济活动，与之相关的企业全部属于文化产业。将文化与旅游两大产业融合，可以创造文化旅游新业态，这将加大文化与旅游两大产业融合的深度，进一步发展文化旅游市场的占有和文化旅游产品的生产。将两大产业的重要发展链条相互联结，与之相关的所有要素都将成为文化旅游新业态的一部分，进一步推动文化旅游产业的发展。上述涉及的文化旅游方面的各类要素，如资源开发、市场占有、消费者挖掘及产品生产，共同组成了文化旅游产业集合体，所以说文化旅游产业实质上是文化旅游产业融合创新系统。文化旅游产业本身属于融合型产业，其具备了文化与旅游两大产业的涉及领域广、交叉性强的特点，使得文化旅游产业具有由多元要素组成、涉及行业十分广泛、产业自身比较复杂、影响条件多样等特点。因此，应将文化旅游产业与系统论相结合，才能对其做出系统性的分析。

文化旅游融合创新系统与一般系统的特点相同，即整体性、结构性、层次性、开放性。一个系统必然为一个整体，系统都具有整体性这一基本特征；系统不是混乱的，它具有一定的结构与层次；系统在发展的过程中与外界一直保持着联系，系统的发展具有动态持续性和开放性特征。除以上特征之外，联动性、组织性以及目的性也是系统的特点。文化旅游产业在发展的过程中应将文化与旅游两大产业现有的产业资源、行业资源、特性充分整合和利用，为该系统的发展提供强大的动力，构建一个空间布局、品牌打造、产品设计与生产、营销推广、投融资等各个环节协调互动、共同发展、完善的文化旅游产业系统，清除原有障碍，冲破传统束缚，创造一个内部高度系统化、同一化、整体化的系统，从而促进文化旅游产业持续不断地创新和发展。

1. 文化旅游融合创新系统具有整体性

文化旅游融合创新系统以发展文化旅游产业为基础，该系统的整体性十分明显，它将文化与旅游两大产业中的各种因素进行了整合与融合，并将其安排至各个子系统中，为整个系统的建设提供支持。例如，文化旅游产业市场作为该系统中的一个子系统，建立在两大产业市场融合的基础上，只有先全面、细致地了解分析文化旅游市场的实际情况，才能更好地开发和挖掘市场。文化旅游融合创新系统由众多这样的子系统构成，这些子系统发挥着各自的作用与功能，相互联系紧密，相关又相对独立，无可代替。

2. 文化旅游融合创新系统具有结构性

文化旅游融合创新系统通过技术创新→技术融合→产品融合→业务融合→市场融合→空间融合的路径，将文化与旅游两大产业的各个环节如经济、技术等相互关联和融合，促进文化旅游产业的形成，这就是该系统的结构性。作为一种新兴产业，文化旅游产业应对文化旅游融合创新系统所具备的结构性特点有深刻的了解，同时抓住契机，寻找特点鲜明的、合适的创新发展商业模式，促进国家经济发展形成新的增长点，追求和创造更多的发展空间和机会，使之成为发展中国新经济、新动能的重要对象，以此促进文化和旅游两大产业协调互动、共同发展，使文化旅游产业的综合竞争力进一步提升，进一步推动、优化与转变国家产业结构，促进经济增长。

3. 文化旅游融合创新系统具有层次性

在系统结构中，系统的各个要素可呈现出多层次的状态特征。从这一点上看，文化旅游融合创新系统中的各类要素是根据某种关系相互联结、相互作用的，在该系统下为次一级的系统——子系统，是由该系统的要素组成的，子系统下还有更次一级的系统，是由该子系统中的各要素组成的，由此构建了文化旅游融合创新系统。在这个系统中，所有子系统都是呈上下阶梯分布的，每个子系统都在各自的层次位置上为整体系统的运行输送能量，可见该系统的层次性。例如，对该系统来说，文化旅游产业模式为其中的一个子系统，在此之下还有商业模式与一般模式两种次一级子系统；又如，文化旅游业态类别也属于其中的一个子系统，该子系统又包含影视旅游、动漫产业园旅游、商务旅游、工业旅游等次一级子系统。另外，基于对文化产业分类的借鉴，以各要素在文化旅游融合创新系统中具备的功能和所处的位置为依据，可以将文化旅游产业划分为文化旅游相关领域、文化旅游外围领域以及文化旅游核心领域。

综上可知，文化旅游融合创新系统的构成离不开众多子系统的共同联结和作用，体现出了层次性特点，而不同层次对应的功能、结构、属性均不相同，各个层次以其功能和属性为依据，严谨地执行各种系统任务，并随着系统的发展不断对其层次性进行调整。例如，当某低层次要素具备了高层次的功能属性时，则需向高一级的层次调整，以保证文化旅游融合创新系统层次的形式与内容能达到真正意义上的统一，保证其始终相对平衡和稳定。

4. 文化旅游融合创新系统具有开放性

文化旅游融合创新系统是一个同时具有封闭性、独立性和开放性的整体，该系统需要以一定的行业环境、社会环境及经济环境为依托，依靠所处环境的推动、制约作用控制和影响其形成与发展。在同一环境中，文化旅游融合创新系统与其他系统互相交换市场信息，流通共用物质资源和资金。例如：许多房地产业向文化旅游产业投入大量资金，使原本置于房地产系统中的资金与资源向文化旅游融合创新系统流通，或将房地产系统中的公共基础设施融入发展成文化旅游产业资源，这些都说明了文化旅游融合创新系统具有开放性。受这一特性的影响，资源能被系统更充分合理地利用，促进该系统进行从低级到高级、从简单到复杂的动态优化发展。

5. 文化旅游融合创新系统具有目的性

从以下两个方面可以体现出系统的目的性：第一，系统存在保持自身稳定有序运行的需要，这种需要使其在受到内力或外力的影响时可以保持稳定发展的状态，保证系统不会被瓦解、崩溃；第二，系统都有明确的发展追求，这种追求会体现在系统的整个发展过程中，集中体现着系统发展的总体倾向和总体趋势。文化旅游融合创新系统同样具有目的性特点，它在形成和发展的过程中，不仅要保障自身得以动态、稳定地发展，不因各种因素瓦解崩溃，还要追求更高层次的发展，追求文化旅游产业的日益兴旺，从而使自身竞争力和产业综合实力不断提高，创造理想的外部效益与规模效益，从而为我国经济发展提供重要支撑，给我国新经济、新动能的发展带来新的增长极。

6. 文化旅游融合创新系统具有联动性

文化旅游融合创新系统的开放性与联动性在某种方面相似，但又不相同。联动性表现为该系统与其他系统、不同环境之间都具有相互影响、相互关联的关系；开放性表现为该系统与同一环境中的其他系统之间可以共用和交换资本、信息和各类资源。与后者相比，前者偏向于以该系统的发展带动和促进其他系统共同协调发展，即扩大文化旅游产业规模，集聚各类相关产业，进而扩充市场规模，带动其他各项周边产业的发展，促进各类要素进行更优、更多的流动，促进各产业与各个系统之间的联动发展，最终实现共同进步。

7. 文化旅游融合创新系统具有动态性

文化旅游融合创新系统主要从两方面表现其动态性特征：第一，系统的繁衍性，文化旅游产业不断向前发展，将会出现消费者变化、产业空间布局改变等多种问题，对此，系统需要不断对自身做出调整，以适应各种新变化，这些调整包括但不限于新能级与新要素的产生，系统也因此获得了繁衍性与延伸性，这两种性质在该系统发展的过程中是互动发展、互相影响的，系统的调节往往会伴随着产生繁衍性，从而产生延伸性，这时，系统只有不断进行自我调节和自我完善，才能实现系统的进步和升级，进而促进产业发展；第二，系统的调节性，既可以调节系统本身的属性和功能，又可以调节系统外部的其他系统，系统在发展时，其内部各要素的作用及位置也将被调节，使其功能得以更充分地发挥出来，以此提高系统对环境变化的适应能力，助推产业发展。

四、文化产业与旅游产业融合的机理

(一) 技术创新与市场需求——产业创新链

技术的创新引起了产业的融合。技术创新指在技术方面产生新的构想，通过研发、技术结合等环节，最终应用到实际产业或行业中产生一定的社会效益和经济效益的商业化全过程的一种活动。技术创新的概念涉及经济与技术两个层面的结合。在各种新技术中，信息技术带领各项技术快速推广发展并迅速普及应用，如个人电脑、互联网、云技术、大数据、物联网，各种高新技术加速了产业的融合。随着数字技术与信息技术的不断发展和进步，产业融合得到了进一步发展，二者关联日益密切。

天然的耦合性能进一步促进文化与旅游两大产业的融合发展，市场需求的增长和技术的进步也都可以推进产业深入融合，文化旅游新业态在这三个方面的协同作用下逐渐形成。文化旅游产业与新型城镇化的融合发展也是这样，前者为后者打通顺畅可靠的渠道，后者为前者提供充足的发展载体与空间，二者彼此互补，又具有很好的契合性，这为二者的融合发展提供了前提和基础；文化旅游产业与新型城镇化融合发展时，技术创新可以为二者稳定顺利地融合提供强大的保障与支持。产业融合是社会经济发展的必然，而文化旅游产业与新型城镇化的融合也是因市场与社会的需求变化形成的，这是发展社会经济的必需。二者的融合发展，不仅可以推动新型城镇化与产业本身的发展，还可以满足各层次游客对文化旅游迫切的市场需求，更能发掘出良好的国家新型城镇化发展的新渠道，同时也使国家、市场、社会对新型城镇化发展的各类需求得到了满足。

随着社会与市场需求不断改变，技术不断创新进步，新需求和新技术随之不断出现，创新要素由此产生。只有不断进行创新，人们层出不穷的需求才能得到满足，与此同时，需求的满足与更新又会推动新技术的革新与发展。创新不仅在最初的阶段存在，还存在于融合的所有阶段的所有细节之中。对产业融合来说，创新为其提供了基础，更提供了必要因素，它对技术的有效融合有直接的促进作用，市场、业务及产品各个方面的融合都需要创新的支持。受创新的影响，新市场、新业务以及新产品不断出现，市场层面、业务层面以及产品层面将会进一步使各项社会需求得到满足。同时，创新还能为文化旅游这一新兴产业和新型业态的形成和发展提供强大的推动力量，促进文化旅游与新型城镇化融合的程度与进度，加速新型城镇化的发展和创新。区域属性是新型城镇化的一大重要特征，随着新型城镇化范围的不断扩大，区域一体化将得以实现，而其中蕴含的产业创新链将会进一步扩大市场的规模，促进市场一体化发展，从而促进产业市场竞争力和规模效益的进一步提高，促进文化旅游产业持续稳健地发展。另外，还应拓展更多的载体与空间，如鲜明的民族特色与区域特色等天然平台，为新型城镇化的发展打下了"创新""特色"的坚实基础。

（二）产业价值与价值创造——产业价值链

文化产业被人们视为永久的"黄金产业"，产业价值难以估量，其中涵盖经济、文化、社会等各个方面的价值。世界各国将旅游产业作为重要的经济来源，因此都十分重视旅游产业价值的发挥，并希望以此为国家经济做出更大的贡献。文化与旅游两大产业的融合发展，有利于解构产业价值链再对其进行更合理的重组。在社会经济快速发展的今天，人们有了越来越多元化的消费需求，消费结构也较以往有了很大改变，企业价值链、供应商价值链、购买者价值链和核心渠道价值链都随之产生了很大的变化，从中可以反映出产业创造价值链的整个过程，这就是一个完整的产业价值链组织形态。与此同时，国家内需结构也会随着消费结构的变化而改变，这又将引起产品结构的改变，进而改变传统产业价值链，使之与产业创新、产业融合、数字技术的发展相适应，产业价值链也将从过去的短小、单一变得上下游关联更大，且更具活力，更多元化。

（三）产品分工与产业升级——实体产业链

吃、游、行、购、娱、住是旅游产业的六大组成要素。旅游交通、旅游目的地以及旅游娱乐等众多环节环环相扣，共同构成了横向旅游产业价值链。文化传播、创意策划、文化消费、制作生产等多种价值模块则彼此呼应，形成了纵向文化产业价值链。这两个产业价值链中涉及的各个企业、各个环节互相呼应，成为产业链的节点，两大产业中的生产、制作、销售等环节相互融合，向"微笑曲线"两端延伸，联结其中的大中小企业，构成产业融合的产业链、创新链和技术链，三者的协同发展，能赋予实体企业更高的附加值，创造更高的经济效益。

在乡村的旅游与文化两大产业的融合中，前者为后者的发展提供了广阔的承载空间，而后者又能在乡村旅游产业开展产品设计、旅游宣传等活动时，提供丰富的文化资源，为当地的旅游产业注入灵魂。二者相互促进，相互结合，使文化旅游实体产业链快速发展，为产业的融合发展、结构调整、产业升级和经济的可持续发展提供了有力的保障。

五、文化产业与旅游产业融合的效应

在文化与旅游两大产业融合发展的过程中，企业只有不断创新才能获得更高的经济效益。因此，从本质上看，两大产业的融合就是二者的创新发展，二者只有进行创新发展才能推动产业融合深入进行。两大产业不断地进行融合与创新，将会使文化旅游产业新业态逐渐形成，使其成为新兴产业；继续扩大产业规模，加速产业集聚，有助于产生新的产业功能。例如，引入游轮这一旅游交通方式，以产业融合发展为依托，开通"普通旅游交通→游轮旅游→游轮旅游主题化"的发展思路，构成新的商业模式。产业融合涉及的层面非常宽泛，在产业结构调整、创新性优化、竞争能力提升、区域经济发展等方面可能产生出人意料的效应。

（一）产业结构调整效应

在创意技术或服务创新的作用下，不同系统主体之间相互作用，导致系统朝同一方向会合或者运动的过程就是文化与旅游两大产业的融合过程。两个产业融合的原因不仅包括创意技术的发展和进步，还包括消费者日益增长的消费需求、频繁变化的消费习惯；进行服务创新会促进两个系统中的各种要素不断地相互融合、交叉与渗透，进一步扩大两个产业的覆盖范围，促进文化旅游产业实现系统的进步、发展与创新，这不仅有助于文化与旅游两大产业在融合与发展过程中进行结构演进，还能更好地优化文化旅游产业的结构。

两大产业进行融合发展，不仅可以有效调整自身产业结构，还能对国家的一、二、三产业结构进行一定的调整。新型城镇化发展坚持以人为本的发展核心，以往使用的重污染、牺牲后代利益谋取眼前利益的发展方式早已不适用于当今社会的发展形势，只有不断创新才能与新时代的发展相适应。将新型城镇化与文化旅游产业结合发展，并促进其规模不断扩大，打造产业集聚，能促进外部经济快速形成，进而不断壮大新型城镇化的第三产业，促进其旅游产业发展、民族文化弘扬、生态环境保护、绿色消费倡导的实现。同时，加大生物医药、新型建材、清洁能源、旅游商品等几大新型工业向新型城镇化发展中的引入力度，积极融合文化、旅游及文化旅游产业，向第二产业的"微笑曲线"两端延伸，优化产业发展，提高产业附加值，使城镇化发展方式逐渐改变，进而使新型城镇化第二产业的组成内容随之改变。

随着产业融合日益加深，农业农村一、二、三产业融合发展是新型城镇化发展的必然趋势。在这三个产业及文化旅游产业发展的过程中，无论哪两个产业发生了融合，其创造的产业融合效应都会达到"1+1>2"的效果，这样的效应对新型城镇化发展某一区域的第一、第二、第三产业来说，都具有很强大的调节作用。不断调整多个新型城镇化产业的结构，一定会引起一个国家中这三大产业结构的调整、优化与升级，使之能够更好地适应时代经济的发展，实现国家经济可持续、高效的发展目标。

（二）创新性优化效应

创新是文化与旅游两大产业融合发展的本质，也是基础，在二者融合的过程中，创新提供了不断的内在动力，使之能更好地适应社会、市场与消费者的各种需求，有效保障了文化旅游产业在激烈的市场竞争中屹立不倒，更促进了这一新业态长远、可持续的发展。技术创新是产业融合的起点，在文化与旅游两大产业不断融合的过程中，产业的边界日益模糊，二者将有利的因素快速吸收和融合，如服务、产品等产业的原本属性与特点也逐渐发生了改变，适应了市场的新需求。技术创新依托这一基础不断演进，业态创新随之产生，文化旅游这一新兴产业得以不断优化发展，其产业创新能力日益增长，附加值也在不断提高，新的产品、商业模式、服务越来越能适应时代发展下的新变化，文化旅游最终形成更高级、更具创新意识的产业。

（三）竞争能力提升效应

文化与旅游两大产业的融合促进了多种新业态的产生，两大产业在融合的过程中，不断吸收融合着对方一些好的要素，这使产业投入要素发生了较大的变化。技术、资本及创意等要素的共用与共享，实现了资源更充分的利用，同时将资源的可利用范围进一步扩大，提高了资源的配置效率和单位要素产出效率，经济也随之转变了增长的方式。融合发展不仅促进了这两大产业在产品、技术及市场等多个方面的创新和融合，还使这两大产业获得了更丰富、更深刻的内涵，相关的产品内涵、产品功能、新服务也随之被拓展出来，既使新的市场需求得到了满足，又使原有的产品获得了一定程度的补充。融合发展使产品的附加值得到进一步提高，还赋予了产品更丰富的文化内涵，促进了品牌影响力的形成和提高。文化产业通过旅游产业提供的平台进行文化传播，实现了文化资本化的发展转化，这又进一步促使各产业的竞争力与价值得到提升。

（四）区域经济发展效应

依据乡村城镇化具有的区域属性这一重要的特征和属性，我们可以对不同城镇进行区分。创新是文化旅游产业、旅游产业和文化产业发展的重要因素，这三者相互竞争时以特色性、差异性为重要属性。这三大产业与乡村城镇化的结合，为各自产业的发展提供了丰富的创意元素，打下了坚实的发展基础，促进各产业的差异化发展，以自身特点招揽特定消费群体，占据自己的市场。

不同地区在工业化进程中表现出了不同的资源禀赋和区位优势，且各自有着较大的经济基础差异。随着企业主体对经济利益的激烈追求，各种生产要素必然向平均利润高的地区转移和积聚，从而不断拉大区域之间的经济发展差距。

随着乡村新型城镇化发展，东部地区逐渐完成了工业3.0体系（以信息化为主）和工业4.0体系（以智能化为主）的建设，中西部地区虽有着低成本生产要素的优势，也仍需尽力追赶。同时，国家对中西部地区的区域属性优势给予了高度关注，积极引导外部多种产业转移到这些地区，并提出乡村振兴、产业融合等战略，有效地保障了区域经济的大力发展，即进入倒 U 曲线的右侧阶段。文化、旅游和文化旅游三大产业不断融合，都利用各自的低成本与区域属性上的优势进行了创意创新，扩大了产业的规模，使产业稳定发展。国家还引导新型城镇化改变原有发展方式，遵循以人为本的原则，实施就地城镇化，进一步促进了城乡一体化的建设和统筹发展，最终实现区域经济发展。

第二节 乡村文化产业与旅游产业
融合发展的原则与意义

一、乡村文化产业与旅游产业融合发展的理论依据

（一）旅游可持续发展理论

可持续发展定义为：既能满足当代人的需要，又不对后代人满足其需要的能力构成危害的发展。可持续发展应围绕着经济的核心，协调兼顾资源、社会、环境、经济、人口持续发展，并认识到其本质特征应为生态、社会及经济三方面的可持续性。从本质上讲，可持续旅游发展就是将文化、自然与人类环境组成一个和谐统一的整体。

对乡村旅游来说，浓郁的乡土文化、优美的自然景观以及良好的生态环境是其最核心的吸引力。目前，在乡村旅游发展中贯彻可持续发展理念具有重要的现实意义。发展可持续的乡村旅游应协调好人类与环境、自然，文化与旅游之间的关系，避免掠夺式开发和过度开发，促进社会效益、生态和经济的和谐发展，统一当前利益与未来的长远利益，促进人与自然的和谐统一。

（二）旅游创新理论

创新是通过生产形成的，其变化具有革命性特点，有着广泛、深刻的内

涵。创新涉及新的生产方法、新产品、新的企业组织形式、新市场和半成品与原料的新供给来源。企业家追求高利润是创新产生的根本原因，创新可以为经济的发展提供源源不断的动力，为企业与企业家争取更多的利润。任何经济组织的产品在进入市场到退出市场的过程中都会经历四个阶段：投入、成长、成熟、衰退。而创新对于经济组织来说是革命性的自我更新和蜕变，会给经济组织带来复苏的希望。

乡村旅游需求在现阶段显示出了细分化、层次化和多样化的特点，因此，企业必须不断进行旅游产品的更新、创新和再生，无限延长产品的生命循环周期，使市场的各种需求得到满足。快速发展的先进科学技术也给乡村旅游创新发展带来了强大的技术支撑，打下了创新的基础。在高度市场化的环境背景下，市场竞争愈加激烈，乡村旅游发展应据此快速调整发展思路，以持续的创新保持自身在市场竞争中的优势地位。

（三）产业价值链理论

价值链概念是 20 世纪 80 年代由哈佛商学院教授迈克尔·波特（Michael Porter）在《竞争优势》一书中提出的。他认为，每一个企业都是在设计、生产、销售、发送和辅助其产品的过程中进行种种活动的集合体。所有这些活动可以用一个价值链来表明。他还注意到，在产业链的基础上还有一个更大的价值系统，包括供应商价值链、企业价值链、渠道价值链、购买者价值链。产业价值系统中的各个环节由于长期形成的合作，在面对外来竞争时具有独特的优势。同时，产业价值系统所创造的价值往往超出单个环节所创造的价值的总和，这就是价值体系的协同作用。

在价值链的聚集作用下，乡村旅游产业价值链体系聚集了越来越多的相关企业和组织，甚至延伸到上方文化企业、农业经营者和创意企业，以及下方顾客与产品营销网络中，而横向则延伸至互补产品的相关企业与生产商。在乡村旅游价值系统中，任何环节发生改变都会对整个价值系统的运作产生影响。

二、乡村文化产业与旅游产业融合发展的原则

(一) 坚持以市场需求为导向

我们必须尽快改变原本的乡村旅游开发思路，要想保证乡村旅游可持续发展，就要将市场需求作为主要的开发导向，根据旅游者的具体需求，采取与市场相互契合的开发方式，保证乡村旅游的经济效益不断提高。如今，随着社会的发展，我国旅游者的需求跟以往相比已经大有不同，他们更追求主体化、生态化和休闲化，然而当下的乡村旅游现状无法满足这些需求。所以，乡村旅游产业在融合文化产业进行发展的同时，还要展开市场调研，明晰市场动态，预测市场可能产生的需求，结合当下乡村旅游与文化产业的发展情况，寻求政府在政策、资金等方面的协助，最终完成乡村旅游和文化产业融合发展的策略与路径的制定，实现两个产业的高效融合。

(二) 坚持全面融合

乡村旅游跟文化产业之间的融合并非简单的两两相加，也不是浅尝辄止的试探，而是从横到纵全方位的相互融合，是深入的、彻底的相互融合。从横向上来看，两者先从产业交叉区域入手，实现产业的融合；从纵向上来看，要让两个产业的融合体现在整条产业链的每一处，如在原料供应环节的融合、在反馈信息环节的融合以及在市场上的融合，最终形成一条拥有极强竞争力和鲜明特点的新产业链，甚至根据产业链打造一个巨大的产业集群与产业基地。

(三) 坚持可持续发展

乡村旅游要保持持续发展的势头，加快转型升级，就必须跟文化产业融合，这也是乡村旅游可持续发展的基础保障。乡村旅游可持续发展也是乡村社会、经济、文化、生态等方面的可持续发展，所以在进行两个产业的融合时，除了要关注最重要的经济效益，也要考虑到社会效益、文化效益以及生态效益。我们要将生态作为发展的前提，以乡村特色为基础，坚持以人为本，将文化作为主题，以

产品为载体，给旅游者带来高品质的体验，实现乡村旅游业的可持续发展。

（四）优势主导

乡村旅游和文化产业的融合发展其实是一种相互取长补短、优势联合的深入合作。我们要将文化产业中的创意和文化优势，以及乡村旅游产业中的环境、土地、生态等优势发挥出来，从乡村旅游地区的优势与特色出发，深入挖掘本地区的文化，对其进行有创意的产品包装，并根据本地实际情况采取极具创意的全新营销方式，打造出充满本地特色的、全新的融合服务与融合产品。除此之外，还要将产业和地域上的优势整合，设计出具有高竞争力的项目与产品，形成优势品牌，以此来带动本地产业发展。总而言之，两个产业的相互融合要遵守优势主导原则。

三、乡村文化产业与旅游产业融合发展的意义

（一）推动乡村旅游升级转型

如今，乡村旅游正处于重大战略调整时期，乡村旅游业的转型升级为其核心调整环节。要实现乡村旅游的优化，就要让其升级成全新的发展模式，优化当前的发展形态，促进我国乡村旅游从粗放型转变成集约型，不仅要关注规模效应，还要关注增长效应；不仅要发挥其旅游功能，还要发挥出其在政治、文化、教育、社会等方面的功能。乡村旅游通过产业融合展现出了新业态，这同时也有利于我国乡村旅游业的转型升级。随着产业融合的进一步深入，乡村旅游业将具备更高的科技含量，拥有高增值性、高辐射力、创新性与渗透性等特征，这些特征便是乡村旅游业发展的不竭动力。由此可见，文化产业和乡村旅游之间融合的加深，有利于乡村旅游的产业能级得到有效提高，有利于产业结构优化，对乡村旅游成功转型有不可替代的重大意义。

（二）拓展乡村旅游产业链，实现价值升值

产业价值链作为持续变化的动态系统，必然会因为政府政策、消费需求、产

品生命周期等各种因素而出现变动。从产业融合的角度来看，乡村旅游会从人才、品牌、情感、市场、资源、技术、功能、资产等方面与其他产业相互融合，将乡村旅游的价值链进行纵向延伸与横向拓宽。也就是说，乡村旅游全价值链主要有八个部分，分别为人才融合价值链、品牌融合价值链、情感融合价值链、市场融合价值链、资源融合价值链、技术融合价值链、功能融合价值链、资产融合价值链。乡村旅游产品的市场需求与特征发生了改变，许多全新的产品和服务出现在大众视线中，同时也满足了人们对于高层次消费的需求，进一步加快了产业价值链的解构、重构，促进产业价值提升。延伸后的产业链以及经过整合的各个产业得以有效降低成本，许多乡村旅游企业价值出现极大增长。

（三）增强文化产业的原创力

乡村旅游产业是文化产业价值链的上游产业，因而能够为后者提供各种各样的创意元素，拓宽其创意空间，为其营造充满特色的环境，改变创意产品同质化、内容单一的现状，协助创意产业拓展价值链上游。在乡村旅游和现代农业流通展示渠道的帮助之下，创意农村旅游产业链拓展了下游环节，进行了多层面与多渠道的表达，这不但有效减少了流通展示成本，降低风险，而且也让创意产业有了更高的效益。而且，随着文化创意产业和乡村旅游之间融合的加深，融合产生的规模优势让文化产业的发展趋向于产业聚集与规模化，有利于文化产业充分发挥出自身的区域与规模优势。总而言之，文化产业在创意乡村旅游的帮助下拥有了更广阔的优化与拓展空间。

（四）催生新的合作形体

科技创新与创意思维对文化、乡村旅游两个产业的融合，以及乡村旅游产品系统与产业体系的重塑有着突破性的影响，文化产业从中获得丰富的创意元素。各个产业的发展促进了乡村旅游与文化产业融合的加深，全新的业态由此诞生，即创意乡村旅游，这是在过程与具体方法上对乡村旅游产品与文化创意产品生产、销售等环节的创新。

（五）实现区域乡村旅游的经济一体化发展

产业融合不仅是在消除产业之间的壁垒，还是在帮助城市之间与地区之间进行融合，为实现乡村旅游经济一体化贡献了巨大力量。产业行业由于分布在不同的地理空间，存在行业之间的界限，所以受到管制上的限制，无法实现经济一体化。要想突破这些障碍，就要将产业的制度、市场、人才、产品等要素相互融合。通过渗透与融合市场资源、生产要素资源和人力资源，实现资源的优化配置，这对突破地域之间的障碍，形成多企业联合发展趋势，甚至形成一个规模化的产业聚集区，实现区域经济一体化发展有着非常重要的意义。经济一体化发展能够充分使经济拉动效益，也可以间接带动乡村旅游产业的发展，通过产业互补发展，完善区域的产业结构，最终实现区域间的协调发展。

第三节　乡村视角下文化产业与旅游产业融合发展的模式与路径

一、乡村视角下文化产业与旅游产业融合发展的模式

（一）中心：产业整合——文化创意产业与乡村旅游的融合

如今，我国的创意经济与旅游体验经济正处于飞速发展状态中，旅游者的需求也呈现出了时尚化、差异化与个性化的特征。因此，创意与文化对乡村旅游的生存和发展至关重要，我们要将灵感、智慧、知识等要素与乡村旅游的核心产品有机结合，整合过去的低层次旅游元素，开发高层次旅游元素，使其成为动态化的高层次立体化旅游产品，提升产品价值，增强产品特色，适应当前消费者群体的需求，给大众带来全新的乡村旅游模式。

1. 乡村旅游产品的开发模式

运用创意农业或者创意文化的思想来设计与开发产品，促进乡村旅游产品的

创新和升级。

（1）乡村农业旅游产品

科技+创意+艺术。首先，我们要坚持将新型农业现代化作为基础，以此来展开乡村农业旅游产品的开发工作，将现代科技融入农业领域中，实现农业用具、农产品与生产过程的现代化与数字化；建立农业博物馆，展示充满本地特色的农业领域事物，如农业用具、农业发展史。其次，开发的产品要具有观赏价值，通过先进生物科技实现农产品的多样化与多形态，如栽培彩色番茄、巨型南瓜、小型西瓜，甚至还可以将重点放在观赏型农产品的培育工作上，例如培育的荷兰蕾丝郁金香，不仅有经济价值，还有观赏效果。在此基础上，运用生物技术进行创意园林造景，如建立乡村趣味展览馆、奇趣花草苑等，不但可以吸引游客前来观赏，而且还能起到科普教育的作用。再次，在开发农产品时，还可以融入一些艺术元素来增添产品的内涵与底蕴，如在核桃上雕刻，在葫芦上绘图，在米上刻字，等等。最后，可以通过农业规模化生产营造景观，如梯田、玉米地迷宫、向日葵花园，等等。

（2）乡村民俗旅游产品

乡村文化+文化创意。乡村民俗旅游产品包括各种艺术类民俗产品，如民间文学、民歌、传说，以及节庆类民俗产品，如：民间游戏、节日仪式、活动，还有技艺类民俗产品，如木雕、年画、剪纸、泥塑，内容十分丰富，为提升乡村旅游吸引力起到了很大的作用。首先，可以建立本地特色民俗博物馆，如雕刻博物馆、泥塑博物馆。其次，可以将民间文学与影视类产业结合，形成视觉效果极佳的创意乡村旅游产品。再次，可以将民间舞蹈、风俗等形式与表演艺术相结合，形成各种特色演出，如"魅力湘西"等。除此之外，可以将民间的节庆和游戏同各种会展与比赛相结合，让旅游者参与其中，通过亲身体验加深对当地文化的了解，可以建立礼仪体验园区，如清明上河园等。最后，倘若民俗资源十分丰富，可以把当地的民间艺术家组织起来，形成一个艺术主题村落，其具备培训、表演、研究、销售等功能，可以在其中开展各种专项旅游项目，如剪纸艺术鉴赏中心、陶瓷手工体验基地，还可以借助本地民俗深层次开发旅游产品，如张家口的剪纸村。

（3）乡村农舍村落旅游产品

建筑文化+艺术创意+农业园艺。我国各地的气候、地形差异较大，由此形成了各种各样的民间建筑风格，而这些位于乡村中的民间建筑与周围的山水相互结合，形成了美轮美奂的乡村旅游资源。但是，那些特色极为鲜明的古村落如今所剩无几，因此，进行现代乡村农舍村落旅游产品的创意设计对增强旅游地的吸引力有重要意义。我们可以借鉴特色花屋，这种花屋在房前屋后，乃至房顶都种有鲜花，我们也可以将花卉艺术引入乡村农舍中，让乡村变得鸟语花香，给旅游者带来视觉与嗅觉的享受。除此之外，还可以将当地艺术与乡村农舍融合，让建筑成为乡村文化艺术的载体，如四川绵竹的年画村，该村的每一面墙都有精致的年画。

2. 乡村旅游产品营销模式

（1）创意理念运用于营销活动

如今，旅游者的求异心理越来越强烈，为了博取人们的关注，各种营销策略和方式层出不穷，导致旅游者产生了审美疲劳。由此可见，真正能够让旅游者产生兴趣，吸引旅游者前来的营销活动必然独具创意且与众不同。现在的乡村旅游有许多基础营销方式，比如，旅游体验营销、旅游互动营销、旅游品牌营销，等等。同时，还出现了许多全新的营销方式，例如，反季节营销、事件营销、植入式营销、定制营销，等等。各种各样的营销方式也体现出了乡村旅游营销创意的丰富。我们要坚持创意理念，发散思维，针对当地情况制订合适的营销方案，切实提高旅游地对游客的吸引力，打造旅游地知名度，提高其影响力，让该地的市场前景更加广阔。

在乡村旅游的营销活动中还有一点需要注意，那就是不要让乡村旅游营销受到"旅游"的限制，很多关键的旅游营销点其实并不是旅游内的事物，所以我们要坚持用开放的视角看待问题，打破传统营销带来的思维定式，要整合各种营销元素，创新营销方式。乡村旅游产业有一个关键优势，那就是它和许多产业具有关联性，这一点也是营销的突破点，我们要以此为基础制定各种营销组合。乡村旅游营销以创意为灵魂，要想实现产业的优化升级，就必须充分发挥创意理念，所以营销策略一定要具有创意。我们在运用营销策略时，首先要调查好客源市场，还要对自己的产品进行深入的了解与分析，然后再考虑采用非模式化的方式设置营销的主题、形式、内容、渠道，对营销方式进行灵活运用。

（2）在创意产业中植入乡村旅游产品营销活动

现代旅游业经常使用一种营销方式，就是将旅游元素或者产品植入创意产业中。特别是在广播电视产业和电影产业中，旅游产品的植入十分常见，在我国本土的电视剧中可以发现旅游目的地的营销内容，这种营销方式可以明显提高旅游地的收入。而且，从乡村旅游资源优势来看，通过跟电视电影产业合作展开乡村旅游营销，对双方来说是一种共赢。如今，随着乡村旅游营销渠道的进一步扩宽，营销载体也开始延伸到电视、电影以外的其他创意产业，如数字休闲娱乐产业、出版产业，等等。

（二）后向：产业优化——反哺乡村旅游、文化产业

1. 实现文化产业优化发展

我国创意产业起步较晚，虽然当前的发展速度不断加快，然而在创意生产、市场运作等方面依旧有待提升。我国文化产业多为中小型企业，因为难以达到银行对资产能力的评估要求，所以很难得到银行这种间接融资的支持。除此之外，我国的风险投资业发展一般，也无法帮助到创意产业。所以，当前我国文化产业还未拥有多元化的融资主体，融资渠道比较单一。从创意生产角度来看，我国创意产业长期处在模仿复制的阶段，对民族原创的发展十分不利。如今，我国对创意产业的重视度越来越高，并为其提供了多项政策支持。随着中国文化软实力的进一步增强，人们有了更强的民族文化自豪感、自信心与自觉性，文化创意潜能得以发挥出效果，向世界展示了我国民族文化产业强大的原创力量。不过，我们应该意识到，当下的中国文化产业创意能力仍存在规模化、专业化程度低的问题，发展动力缺乏，产业价值链体系有待进一步完善。

2. 实现乡村旅游优化升级

乡村旅游产业作为一种新业态，具有融合性高、节能低耗、知识性高的特点。由此可见，在未来的旅游业发展中，乡村旅游是不可或缺的一个重要模式，所以我们要推动乡村旅游产业内部结构优化进程，尽快实现全面升级的目标。站

在产业归属视角上看，乡村旅游产业是一种消费型服务业，但同时也是生产型服务业。它可以进行生产销售活动，如产品设计、产品开发、产品销售等，也可以进行消费活动，如艺术、科技、休闲、娱乐；既有传统生产领域，如农、林、牧、渔业，又有现代消费领域，如：旅游服务、创意策划。现代产业和传统产业无缝衔接，实现了多产业的融合发展。随着乡村旅游产业的不断完善、发展，乡村旅游的文化性和创意性得到了进一步增强，加快了"乡村文明"时代的来临。

（1）乡村旅游产业优化

我国乡村旅游可以通过与文化产业的融合实现产业升级，由粗放型转变成集约型，从外延型转变成更具发展潜力的内涵型，从单纯注重规模的扩张转变成同时注重效益的提升与规模的扩大，从主要发挥经济功能转变成发挥综合功能。由此可见，通过文化旅游的发展，乡村旅游多元化的功能得以实现，乡村得以发挥其在文化、生态和休闲等方面的功能。除此之外，乡村旅游产业链也可以在发展中实现纵深化与本地化，扩大规模效应，实现本土资源的充分利用，将乡村旅游业作为龙头，优化乡村旅游配置，将其转变成产品的生产地与销售地，完善产业链，增加本地收益，弱化乡村旅游经营活动飞地化现象。

（2）乡村旅游产品优化

乡村产业的发展促使乡村旅游产品从过去单一的观光型转变成多元复合型，融休闲、娱乐、体验为一体，推动旅游产品从过去的分散式分布转变成区域式分布。过去，乡村旅游产品有高度同质化的问题，而通过发展乡村旅游产业，乡村旅游产品变得更加多元化，更具本地特色。除此之外，它还可以帮助乡村旅游营造和谐之美、感官之美与意境之美。需要注意的是，我们必须在继承和发扬乡村文化的基础上融合传统和现代产业，实现文化创意乡村旅游发展，把创意作为挖掘文化精髓的动力。我们要向外界展现乡村文化魅力，实现乡村旅游产品的优化，建立乡村旅游产品系列。

（3）乡村旅游市场优化

乡村旅游产业与创意产业的融合，使得人们可以深度开发乡村旅游市场，大力拓展产业，将过去的市场布局改写。根据具体的旅游地设施、产品，形成多个层次市场共同发展的局面，是乡村旅游营销思路的主要方向。乡村旅游产业通过细分市场，使用恰当的营销策略，一改过去较为被动的营销策略，主动出击，赢得市场的青睐。除此之外，随着文化产业与乡村旅游产业融合的进一步加深，乡村旅游产业的整体营销策略得以呈现出更好的效果。

（三）前向：产业发展——多要素融合的创意乡村旅游发展

乡村旅游产业其实就是创新的一种体现，坚持创新也是保证乡村旅游持续发展的前提。科技、创造力和乡村文化结合，形成的创意乡村旅游借助文化创意产业发展乡村文化衍生品产业，并创造了可观的文化财富。

1. 继续以创新作为发展的推手

创意乡村旅游产业自诞生起便是一个有着非凡魅力和强大活力的新型业态，它创造出的众多文化财富也吸引了各界竞争者。近年来，随着旅游产业和文化创意产业的进一步融合，各种各样的文化创意旅游类型诞生了，文化创意旅游行业的竞争越发激烈，还出现了各种各样的跟风现象。如果不想让本地的创意乡村旅游产品失去竞争力和吸引力，成为被淘汰或被替代的存在，就必须加强创新，毕竟在保证旅游业的可持续发展上，求新求变一直都是发展真理。因此，全国各地的乡村旅游产业都要将创新作为其发展的源泉，从更高层次上进行整体融合与持续创新，扩大乡村旅游产业融合的范畴，规划开发思路，丰富创意乡村旅游的活动主题和内涵，推出更多独具特色的新活动。随着乡村旅游这一主题的进一步多样化发展，旅游市场也将得到一定的拓展，引来更多的目标市场。而且，文化创意能够让乡村旅游产品的附加值得到大幅提升，旅游者会被那些非比寻常的活动所吸引，从而愿意支出大额费用来享受更好的体验，有效提升了乡村旅游市场的档次。

2. 继续深化创意产业与乡村旅游的融合

要推动乡村旅游与创意产业在深层次上的相互融合，需要做好以下三点：首先，要从内容上下手，加快完善设计、策划、创意等方面的融合机制，如设计农产品博物馆、策划民俗活动、开发创意农业，打造一批具有原创性较强的独立的、专业的策划产品与文化设计产品。其次，要加深二者在商业模式上的相互融合。两个产业之间存在着共同利益与共同市场群体，所以在投资、品牌管理、产品设计、价格设计、市场营销、产品链延伸等方面，二者完全可以采取统一的商业模式。例如，乡村旅游的节庆演出与实景演出就是在策划、制作、生产、销售等各个环节实现了商业模式上的融合，而我们如今要做的，就是拓宽融合范围，实现行业与地区的跨越式合作融合。最后，要加快信息技术与乡村旅游产业的深度融合。在信息化高度发达的社会中，创意的重要性不言而喻，我们必须将创意与信息技术作为支持创意乡村旅游产业持续发展的重要纽带，促使乡村旅游产品更具科技性、创新性，在保留原本的乡村特色的基础上与信息技术进行深入融合。创意乡村旅游产业应拓宽思路，如与当下较为火热的智慧旅游、影视旅游等新型旅游产业相融合，实现产业链的延伸。

（四）旁侧：新型农业现代化、兼顾城乡协调发展

乡村地区具有的优势是良好的生态环境、广阔的土地、优美的自然风光与淳朴的文化，劣势则是经济结构单一、经济发展较慢、农民收入较低、缺少就业机会。城市跟乡村恰好相反，由于城乡之间还未实现经济的协调发展，城市居民和农民有着不同的生活习惯，因此，在对乡村旅游发展问题进行探究时，既要注重产业融合产生的经济效益，又要关心其社会影响，要尽可能保证区域和谐，实现城乡统筹发展的目标。我们不仅要从旅游产业出发，更要从宏观角度上看到新型农村建设与农业现代化对社会起到的重要作用。

作为城市和农村的纽带，乡村旅游的发展让乡村得以与城市一同分享文明成果，共享社会资源。发展乡村旅游要注意合理地进行财富再分配，从而进一步缩小城乡之间的经济差距，实现城乡协调发展。我们可以通过发展创意乡村旅游产业，充分发挥乡村优势，弱化其劣势，让乡村地区的各种优势，如优美的环境、广阔的土地、较低的投资成本，发挥出其应有的功能，将更多的创意产业吸引到旅游地发展，增强地区优势。同时，创意乡村旅游产业也会促进相关经营单位的产生和发展，如旅游产业经营单位，能够为乡村旅游地区提供更多的就业机会，调整本地经济结构，提升本地人民生活质量，促进乡村经济的持续发展。

乡村旅游使得乡村原有的生产与生活方式得以保留，传统乡村文化得以继承，而且随着相关开发、宣传活动的开展，更多人发现了传统工艺与传统文化蕴

含的丰厚底蕴，认识到其价值所在，增强了农民的文化保护意识，促进了乡村传统文化的发展。同时，乡村旅游本来就是在开发和挖掘乡村文化，这可以为乡村文化的繁荣发展提供帮助。

乡村旅游会让传统农民变为新型农民。农民在参与旅游经营服务的过程中，与旅游者之间的沟通日益频繁，这些人际交往有效提升了农民的个人素养，扩宽了他们的眼界，使他们积累了各个领域的知识。而且，这些积极参与到乡村旅游建设发展中的农民将会得到专业的培训和指导。作为乡村文化的接力者，他们成为创意乡村旅游的核心力量，从传统的农民角色转变成了介绍乡村文化的讲解者，成为营造乡村旅游环境的专业园艺师。创意乡村旅游产业的发展，让传统的农民转变了自身的角色，由从事单一的农业生产活动，转变为同时从事旅游服务与农业生产活动。总之，随着乡村旅游产业的发展，乡村将会成为人才、信息和资源的集聚地，与城市展开更加频繁的交流，促使双方联系更加紧密，城乡之间的生活水平差距得以进一步缩小，最终形成一种新型村落，实现农业的现代化发展与城乡之间的可持续协调发展。

二、乡村视角下文化产业与旅游产业融合发展的路径

（一）淡化乡村旅游产业边缘，实现灵活产业融合

产业边缘模糊、没有明确的边界是乡村旅游产业的一个显著特征，这也保障了乡村旅游和文化创意产业的融合发展。为了加快区域乡村旅游发展速度，我们可以将乡村旅游产业的边缘进行淡化，这样所形成的产业融合发展模式也会更灵活多变。但有一点需要我们注意，那就是虽然要坚持乡村旅游与文化产业的融合发展，但也并非毫无限制的全面持久融合，我们要根据具体的发展情况灵活选择融合的方面和程度，这样才有利于达成预期的目标。

（二）提高科学技术水平，实现便捷产业融合

高新技术使人们的生活和工作更加便利，也使产业之间的融合速度更快了。将先进的科学技术运用到旅游产业的发展中，可以让产业融合的发展机会变多。

技术水平的进一步提高，还能让乡村旅游的相关产业拥有更强力的竞争优势，增强本地产业竞争力。技术的进步也使得乡村旅游产业开发出更多存在关联性或者替代性的产品，这些新产品和理念进行融合延伸之后形成了新业态，也可以引导乡村文化旅游产业更快、更好地发展，促进产业发展形式多样化，有利于乡村文化旅游产业的内外融合与发展。综上所述，科技水平的提高促进了乡村旅游多个产业的相互融合与发展。

（三）放松产业管制，完善跨界治理机制

政府应认识到乡村旅游是民生性产业，应放松管制，营造良好的发展环境，从而提升乡村旅游地区对人才、资金的吸引力；还应加大科技投入，完善乡村旅游地区的自然要素，提供各种条件以促进产业融合。产业融合的过程必然会遇到很多问题，所以我们要格外注意，在进行产业融合时必须尽量推动跨界治理机制的进一步完善。该机制要想联合所有的产业，首先要调节好产业之间的关系，根据各产业的共同发展目标制定一个能够保证各方利益不受损害的管理模式，实现乡村旅游的科学配置。该管理模式具体可以落实到三个方面：第一，建立一个专门的部门作为最高管理层统领各产业管理主体，如建立统一配置、部署资源的乡村旅游指导委员会，提高产业品质；第二，创建奖惩机制，以提升相关者的积极性，采取更平衡、更科学的利益分配方式，激励各产业企业进步，如设立各项基金，包括"融合产品营销基金""创意旅游人才基金"等，鼓励产业进行人才引进、市场拓展与产品营销；第三，健全监督机制，完善相关法规制度，有效约束与监督相关利益主体的各种行为。

（四）借力乡村文化旅游产业园区，实现多元产业融合

乡村文化旅游产业园一般会将自然生态文化资源以及人文遗存资源作为发力点来打造旅游景区，此类景区内容多样，却没有清晰的主题和层次感，文化创意较弱，很难发挥品牌拉动效应，唯一的收入就是门票。此类乡村文化产业园也具有明显优势，有政策、资金、人才的支持，有艺术创作、文化发展的良好环境，有适合进行产业融合的和谐氛围，有丰富多彩的创作素材，等等。当地旅游业以

这些为基础，促进产业的规模化发展，形成具有庞大规模的乡村文化旅游价值体系，促进乡村旅游与文化产业融合进程的加快，打造文化品牌，发挥品牌效应。乡村旅游与文化产业融合的一个重要载体便是乡村文化产业园，产业园内各个产业生产的同类或相关产品将采用相似的销售方式，通过相近的销售渠道共享同一个市场，互相分享先进技术和科学理念，分享文化与人才资源，为乡村文化旅游产业的可持续发展打下基础。

（五）加强产业协作，强化政策引导效应

当下，旅游者的需求不断变化，且多种多样，乡村旅游产业的边缘日趋淡化模糊，这为乡村旅游产业采取多元化融合发展的模式提供了条件。乡村旅游可以联合各个产业进行融合发展，如休闲产业、生态产业、文化创意产业、科技产业、养生产业、信息产业，所以必须注意其他产业的发展动态，从多个方面实现乡村旅游产业跟其他产业的互补，寻求全新的融合路径，以保障乡村旅游产业的融合发展。我们要时刻关注旅游者最新需求，将市场作为导向，拓展乡村旅游产业融合发展的思路，根据本地特色产业与旅游者的个性化需求，推动产业融合，研发出适应市场需求的新产品和新服务。当然，产业融合离不开相关部门的支持，各部门联合出台相关政策可以有效加快融合进程。同时，各部门也要采取一些具体措施，加快制定完善的乡村旅游产业融合标准，制订产业融合未来发展规划方案，评选省级示范性乡村旅游产业融合基地，从政策、资金、人才、环境等多个方面为乡村旅游产业融合提供帮助和支持。

第七章　城市视角下的文化产业
与旅游产业的融合发展

第一节　城市文化概述

一、城市文化的内容

（一）按形态划分

按照事物的存在形态可将城市文化分为物质文化和非物质文化。物质文化包括建筑，交通工具，公共场馆、设施，市容市貌等物质形态所表现出的城市文化。非物质文化包括市民素养、城市凝聚力、社会意识、价值观念等非物化的城市文化。

（二）按经济属性划分

城市文化按照经济属性的不同可以分为文化产品和公共文化。文化产品强调了文化的经济价值，是文化企业以盈利为目的而面向大众提供的一种满足其文化需求的符号商品，包括影视、杂志、报纸、书籍、网络、艺术品、文化用品等，以及提供这些产品的文化产业及场所，如影剧院、出版社、书店、画廊、艺廊、游乐场、主题公园。公共文化则突出其文化的公益性，即以服务大众为目的，如图书馆、美术馆、艺术馆、博物馆、规划馆、文化中心、文化站、公园、城市绿地等公共空间。这些公共资源不但满足了当地居民的文化诉求，而且往往形成了对外地游客具有极大吸引力的、反映当地特色的文化旅游资源。

（三）按感知主体划分

城市文化按照其服务对象的不同，分为旅游文化、社区文化以及行业文化。旅游文化主要是指旅游者所感知的城市文化内容，包括饮食文化、休闲娱乐文化、建筑文化、市民文化、环境文化，等等。社区文化主要指为服务当地社区居民而营造的城市区域文化生活环境。行业文化是根据文化产生的所属行业不同对城市文化进行的细化，按照大的产业形态可分为农业文化、工业文化以及服务类文化。服务类文化又可按所属行业细分为校园文化、企业文化、商业文化，等等。值得注意的是，城市在提供文化及其配套设施的时候并没有按照预期的感知主体对城市文化进行严格的拆分，城市文化往往是面向多个主体对象的。例如，服务于游客的餐厅也服务于普通市民；以一般市民为目标群体的文化节日或演出往往吸引着远道而来的外地游客；甚至在某种程度上作为群体专属的校园文化和企业文化，也有游客出于好奇心或体验文化的需求而去拜访一下，如清华、北大等知名学府的名校游及一些企业开展的工业旅游。

二、城市文化的特性

（一）地域性

城市是在一定的地理环境基础上形成的人类聚居点，地域条件的差异致使不同城市在建筑、民俗、语言上千差万别，因而形成的城市文化也带有明显的地域特征。随着城市文化的积累、传承、创新和发展，城市文化的地域性会越来越鲜明。如，我国的北京、西安等地属于北方城市，有许多规模庞大、气势宏伟的宫廷建筑群，有着显著的古代皇家风格；南方的杭州、苏州等城市，多有白墙青瓦、精致婉约的私家园林，体现出古代士人阶层儒雅的气质。

（二）累积性

由于城市文化是时间与空间共同作用下的产物，所以城市文化的特质不仅表现在横向的地域性上，还表现在纵向的时间累积性中。不同时期的城市文化呈现出了不同的特征，纵观城市的演变历程，我们可以看出，人类从原始社会到封建社会，再到工业社会与后工业社会，城市文化的功能和结构出现了巨大的转变，从神到人，从艺术到产品，从贵族到大众，后一阶段就是在继承前一阶段的基础上演变和发展而来的。一个城市的历史越悠久，其文化积累就越丰富，就如同历经千万年堆叠形成的地质层一样，每一层都有其独特的痕迹，能让人们直观地看到城市自然发展的整个历程。

在城市文化中，最显而易见的文化堆叠当数城市建筑，在巴塞罗那的街头，我们可以看到 13 世纪到 15 世纪建造起来的哥特式历史建筑、19 世纪后期到 20 世纪初期的欧洲新艺术建筑，以及以高迪为代表的现代主义风格建筑，这些不同时代的建筑作品向人们展示了巴塞罗那文化的演进与多元。然而，并不是所有的城市都像巴塞罗那一样对旧城进行了严格保护，许多城市在现代化进程中将这些人类文明的印记抹去了，使各地的城市逐步趋同。各种"火柴盒"式的建筑使城市千城一面，从美学角度看，建筑不再是城市形象与个性的代表。但是，从另一个角度来看，城市就算不断扩张也不会无限增加其容量，城市就如同一个鲜活的人一样，要想保持活力和健康发展，就必须进行新陈代谢，不断用新鲜的内容代替过时的内容。因此，人们对于应该抛弃还是完全保留城市的旧有肌理展开了激烈的讨论。不管是将城市和其文化限制在一个特定的时代中，还是完全抹杀城市所有的发展痕迹，都是对城市肌理的破坏。随着对城市的认识愈加科学、深刻，人们也愈加重视文化遗产的多样性，逐渐加深了对文化遗产保护的认识，如工业遗产保护、历史街区保护、景观保护、非物质文化遗产保护……人们正在努力创造明天的文化遗产。

（三）开放性

城市自身遵循的发展规律及其文化传播属性决定了一个城市的开放度。当下，城市化进程和单中心转变为多中心的主要发展趋势使得城市和乡村之间、不同城市之间的差距得到了一定程度的缩小，但不同城市还要注意增强相互的合作与交流，所有城市要想发展都必须选择开放，过去自给自足的封闭状态只会导致城市无限落后，加强与其他地区的相互联系才是城市发展的正确选择。城市之间的交流性其实就是城市间的经济与贸易往来，具体表现为人的流动，也就是旅游活动。另外，文化产生的根本是为了满足人们交流与传递信息的需要。城市的开放性是各城市进行文化交流的基础保证，而文化的交流又促进了城市文化的多元化。在如今的城市中，人们往往雅俗共赏，传统文化与现代文化交叉存在，外来文化和本地文化各有特色，各种文化交叉共存、均衡发展，呈现出一派欣欣向荣的景象，向外界展现着城市文化的开放性。

（四）多元性

城市文化的多元性主要是指结构构成具有非一主体性。首先，从城市内部结构来看，古代城市文化按其性质可分为宫廷文化、文士文化和俚俗文化三种，阶层不同，文化的表现形式也不同。宫廷文化体现的是权力、威严、富足、奢华，文士文化强调的是高雅、气质、艺术品位，而俚俗文化作为城市文化的基础，体现的则是大众的娱乐、价值观念。同时，地域性差异导致生活、生产方式的差异以及阶层和职业的差异，最终形成了城市居民差异化的特殊文化动机与需求。其次，站在某地文化的外部来源角度来看，文化开放性一定会推动多元文化融合情况的出现。例如，唐朝的长安不但汇集了国内不同地区的文化风俗，而且作为当时世界的文明中心之一，也通过丝绸之路以及各国遣唐使接受了富有异域风情的民族文化。最后，当代城市是在主张差异和多元观念的后现代主义影响下发展起来的，因此必然会以多元化为发展趋势。科技的更新促进了文化构成方式的转变，过去受单一主体控制的大众传播方式已经被取代，多元主体的网络交流成为主流，知识文化主导着城市文化的发展，知识创新成为城市文化发展中的冲锋者。

（五）动态性

城市文化动态性即文化具有的非固定性。城市会不断发展，文化也会出现变迁，具体表现为横向上的相互融合以及纵向上的实践继承。所有事物都在发展，都在继承原有机理的基础上推陈出新。新的文化保留了原有文化中的精髓，并通过创新文化机制的方式保持自身的发展活力，这种关系即内核及外显的关系，如方言、生活风俗的流传。饮食文化的动态性体现在当代人既保留了使用筷子、讲求色香味俱全等中华传统饮食文化的精髓，又结合现代讲究营养搭配的科学饮食观念，在菜肴的种类及做法上采用新原料、新烹饪工艺。

城市的文化融合就是城市文化分化、整合与适应的过程，城市文化的内容增减会引起其系统结构、模式、风格的变化，继而融合形成新的文化系统。

三、城市化进程中的文化产业

国内学者在研究城市与文化产业发展的关系时，认为两者可以相互推动发展。也就是说，城市的发展能为文化产业的产生和发展提供动力，而文化产业的发展也进一步优化了城市的内部产业结构，给予城市全新的发展活力。

（一）城市与文化产业的产生与发展

文化产业是城市发展到一定阶段的产物。文化的经济属性正是源于工业社会科技的进步以及人们文化需求的提高。在生产力水平低下的农业经济社会，文化作为一种高端资源，供给能力十分有限，因此只能把持在统治者以及贵族阶级手中。然而，生产力水平的提高，特别是工业革命对传统生产方式的颠覆，使得原本工艺流程复杂的产品的生产变得简单，（纸张、书籍）生产成本也大大降低，文化变成了人人都能消费得起的一般事物。生产技术的提高，一方面在最大限度上将人从生产劳动中解放出来，增加了人们的休闲时间；另一方面也使得社会分工细化，流水线式的单一重复作业使得人们需要足够的休闲娱乐活动来缓解身心的疲惫，文化的大众化正是迎合城市人需求的结果。另外，工业化的生产设备以及生产方式大大提高了生产效率，使得文化产品实现了大规模、批量化的生产。

城市具有乡村所没有的资源优势。城市与乡村的不同之处在于，城市不仅仅是人员的集聚地，还是资金流、科技、能源的集聚中心，城市在资金、物质以及人才方面的充沛是文化产业产生的前提条件以及必要基础。有学者认为城市发展文化产业的优势体现在三个方面：第一，区位优势，城市的人员流动与集聚，使城市文化的多样性以及文化需求、消费能力提高；第二，智力优势，城市中聚集着的高等院校、文化科研团体为文化产业的发展储备了优质、丰厚的智力资本；

第三，文化资源优势，城市特别是历史悠久的城市，往往拥有丰富的社会人文景观，这些为文化产业的创造与生产，特别是文化旅游活动的开展提供了丰富的资源。

城市促进文化的产业集群。一些学者认为，城市中文化消费群体的多样性和丰富性促使了文化市场的细分，推动了文化产业形态的细分与升级换代，不断催生出新型的文化产业形态。这些文化产业形态往往内部关系错综复杂，表现出相伴相生的产业聚集形态。

由于文化产业具有精神体验性与高度聚集性，所以它必须处于一个拥有丰富产业资源、文化资源，科教发达的都市圈与大城市空间中，其产业链与消费链的构建都依赖大城市的辐射功能来实现。可以说，没有现代城市与城市文化，就不可能有文化产业的形成与发展。

（二）文化产业对城市发展的影响

首先，文化产业会从经济方面对城市发展产生影响。发达的文化产业能更好地挖掘与运用城市的历史文化资源，并将其与科技知识相结合转化为可观的经济回报，带动本产业的直接就业，而且其投资成本较低，占用资源较少，可以带动整条产业链共同发展，推动当地经济结构的转型升级。文化产业的带动力极强，可以为相关产业的发展提供助力，促进城市综合服务功能的提高，文化产业具有的创造性也可以为城市综合服务功能注入源源不断的活力。文化产业具有独特的渗透性与广泛性，并以此推动了物质生产领域的发展，带动体育、科教、传媒等产业新群体的兴盛，加快了经济结构的根本性改革，推动人类经济的发展迈入更高阶段。它不仅对城市中的第三产业结构产生了较强的催化与提升作用，还使得传统城市第三结构形成了一个个产业群，有效提升了城市第三产业结构的档次，促使城市具备了更高境界的综合服务功能，城市竞争力大大增强。由此可见，文化产业主要是通过促进产业结构调整对城市经济产生积极的影响。

其次，文化产业有利于城市内部空间功能的再造。在大部分的工业城市中，市中心同时也是生产与制作中心，既要负责规模生产制造，又要承担物流工作，而这种生产功能使得城市呈现出了一种典型景观，即围绕城市中心建设的密集公路网，以及市中心附近的各种大型工业厂房。然而，随着交通和通信技术的发展，城市化速度加快，导致城市的中心和边缘不再有具体的界限，大型生产企业为了获取更多利益，纷纷向外迁移以降低生产成本，城市居民也会因为现代城市化导致的各种城市问题，选择搬到郊区等环境更良好的地方居住。城市中心逐渐转变成软性生产创造活动，如设计、管理、研发。博物馆、电影院、金融中心、图书馆等文化产业聚集到城市中心的现象就是这一情况的具体表现，城市的生产功能逐渐弱化，城市逐渐发展成为旅游、文化与休闲娱乐中心。

再次，文化产业的发展会对社会产生影响，产生良好的社会效益。文化产业可以促进城市形成健康、良好的文化氛围，提升居民的城市自豪感，提高居民的文化素养，降低犯罪行为的发生频率。而且，文化产业可以向外界展现出一个充满活力、健康的城市形象，提高城市竞争力。

最后，文化作为城市、地区乃至国家的软实力，虽然是无形的存在，但却对各种硬实力产生着巨大的渗透影响。文化产业并不单纯是文化和经济，更是整个国家的战略和文化制度。如今，世界各大城市之间的竞争其实就是文化上的博弈，文化软实力是国际竞争中的重要筹码。文化产业化转变的相关研究，不仅与经济发展的结构性转型息息相关，还影响着一个城市的软实力战略发展，关乎着文化安全。所以，世界上的许多国家，不管是发展中国家还是发达国家，都越来越重视文化产业的发展。

第二节　城市中的文化旅游

一、城市中的文化旅游需求

（一）城市主体的主观诉求

城市具有集聚效应，这使得城市变成了资本、物流、人才、文化、科技的空间聚集地，并创造出了许多物质财富，形成了各种非物质文化，如独特的城市景观、核心价值理念与城市精神。与乡村相比，城市人口无论在文化素养、生活水平还是收入上都更高，但同时他们也承受着相应的压力，快节奏的生活使其可以自由支配的时间不多。所以，与非城市人口相比，城市人口的旅游动机更强烈，且潜意识中更青睐文化方面的旅游。

（二）城市环境的外部激发

此处提到的城市环境，包括城市的基础设施建设、文化资源，以及由城市整体结构所构成的供给系统。虽然并不是每一种文化资源都能转变为文化旅游产品来为游客提供服务，但如果一个地区具有的文化资源密度较大，有丰富的历史、古建筑遗产，那这个地区的旅游潜力自然会更强，有更高的旅游强度。在城市中，各种文化资源如文化场馆、文化景观比较集中，富有城市化风格，自然而然地形成了独特的城市文化景观。近年来，许多拥有丰富文化遗产资源、文化活动多、人口密度较高的城市都开始发展旅游，而城市极强的供给能力也刺激了中小城市人口或者乡镇人口对于大型城市的向往。

随着后工业社会的到来，许多城市都面临着转型的需求，有些城市便将转型的重心放在了旅游与文化创意上。通过发展创意产业，城市得以集时尚、多元、新潮于一身，不但充满发展活力，而且可以抚慰人们的心灵，创意产业逐渐发展成为具有明显后现代主义风格的城市交流舞台，从而对旅游者产生更强的吸引力，推动了城市的不断发展与进步。

二、城市中的文化旅游供给

（一）供给内容与差异

不论城市的资源条件如何，也不论城市处于怎样的发展阶段，其文化旅游供给内容都可以概括为前文提到的核心产品供给、基础设施供给以及社会环境供给。但是，根据不同城市资源状况和发展水平的不同，其供给物的配量比例是存在内部结构差异的。

遗产型的城市往往具有很深的历史底蕴，其供给物多是历史性要素，展现方式也多以静态为主，游客以一种沉浸的方式体味遗产背后的历史故事。例如，欧洲一些著名的历史文化名城，老城区内各式古老建筑鳞次栉比，游客们徜徉其中，也可以通过博物馆里展出的文物了解城市的历史故事，还可以穿梭于狭窄的城市马路，手抚斑驳的墙壁，品评道路两旁各时期建筑的不同风格，更可以坐在露天茶座，静静欣赏喷泉广场上成群的白鸽以及街头艺人曼妙的音乐表演……总之，遗产型的城市通过建筑、文物等物质文化遗产以及浓厚的文化氛围，为游客提供一种沉静、闲适且历史内涵丰富的文化体验。

如果将遗产型城市提供的文化旅游产品比作一杯醇厚的咖啡，那么现代型的大都市提供的则是一种速食文化：墙壁上的涂鸦，现代化的摩天大楼，行人如织的大型商场，集结了过山车、海盗船、太空穿梭等惊险刺激项目的游乐场，热闹非凡的城市嘉年华……在这里，无论旅游者的学识背景怎样，来自何种文化、哪个国家，对目的地了解程度如何，都可以快速地融入其简单、热烈、欢快、时尚的文化氛围中。与遗产型城市展示型的旅游方式不同的是，都市文化旅游更突出游客的参与性与休闲娱乐性，强调的是一种轻松且难忘的体验经历。

（二）供给体系建设

首先，确立核心。不论是旅游目的城市还是负责接待的文化旅游业，都需要结合旅游者的需求与自身资源及能力的实际状况，从宏观角度确立发展核心，即明确自身所创造的顾客价值及满意的核心内容是什么，可行性与必要性情况怎样，以及通过何种途径及方式可以使目标群体的文化旅游需求得到满足，才能兼顾经济效益、社会效益以及生态效益的平衡。

其次，进行产品系列及品牌的开发。文化旅游产品的质量是影响旅游者感知与体验文化旅游产品的基础性因素。提高文化旅游产品的质量要采用系统的方法，要在考虑其层次结构的基础上，从产品的核心价值、形式、外延以及供应的环境等各个方面下功夫，只有这样才能从整体上保证产品质量的一致性与连贯性。另外，我们可以根据文化旅游产品的生命周期特征，选择不同的开发策略：既可以为原有产品提供增值服务，延伸原有产品内涵，进行产品系列的扩展与填补，以增加产品组合的深度，也可以增加新的产品项目，扩大产品组合的广度，加深不同产品项目间的相关度，还可以根据企业或机构的实力状况开发新的品牌及进行品牌延伸。

最后，采取有针对性的营销策略。从营销学的角度分析，需求是"已被感受到的缺乏"。人们在缺少某件东西时并不会必然产生需要，只有相关的需求被认识到，才会产生相应的驱动力，因此文化旅游营销首先应刺激和引导这种可能未被人们认识到的需要。由于文化旅游是一种既能产生经济效益，又能产生社会价值，由旅游主体的文化动机激发（这种动机会受到外界刺激且有可引导性）而购买的消费性体验产品，因此其采取的营销策略应包括服务型营销、驱动型营销、社会性营销以及全面营销。

三、文化旅游对城市文化发展的意义

（一）带动旧城区，保护城市文化资源

不同城市所蕴含的历史文化各不相同，这使得当下大多数城市总是偏向以自身特有的历史文化为基础开展文旅活动，在这种情况下，凝聚了一座城市大多数历史文化资源的老城区变得尤为重要。人们通过保护、开发城市的老街区与老建筑开展了独特的文旅项目，而大量游客的到来，又为城市的老城区注入了新的活力与生机。纵观西方城市的发展历史，我们不难发现，城市建设者逐渐以保护城市历史遗存、传承城市文脉的新思想代替了曾经大拆大建的旧理念，越来越重视在综合考虑各方利益的基础上可持续地建设发展城市，而不仅仅是在物质层面衡量城市的发展水平。

对于老城区的更新问题，有学者认为，老城区的更新应当在社会、经济与物质三个方面进行，适当地开展文旅活动既能保护城市历史遗存，又能为城市经济的发展培育新的增长点，还能促进社会良好文化氛围的营造；既有利于当地居民，又有利于游客。如今，人们对旅游经济潜力有了更加深入的认识，因此保护历史遗产与自然风景在人们看来是一种投资行为，而且相关研究显示，旅游对保护、激励发展中地区起到了重要作用。通过旅游开发，这些具有丰富历史遗产的城市能够得到更多的资金支持，从而得以加大对遗产遗址的保护，当地城区还可

以通过重新分配这些资金来促进社会经济条件的改善。发展文化旅游还可以丰富人们的文化生活内容，因文化旅游开发而建立起的各种各样的文化场馆及其文化资源，不仅能够吸引外来游客，还能作为公共的休闲场所满足本地居民的文化生活需要。例如前往话剧院观看话剧，参加各种各样的绘画展览，通过文化节丰富自身文化活动等，都极大满足了人们的休闲生活需要，丰富了人们的业余活动。

值得一提的是，发展文旅产业固然有利于提高人们对文物保护的重视以及塑造城市历史感，但通过对人类社会学的研究我们可以发现，文化及其内涵累积于社会不断发展与变化的过程之中。当现代与传统两种不同文化产生矛盾与冲突时，居民有自由选择生活方式与先进文化的权利。因此，协调处理好各个利益相关方之间的关系是实现文旅产业可持续发展的重要基础。

（二）丰富文化多样性，营造良好社会氛围

开展文化旅游活动不仅能够促进不同群体间多元文化的交流与融合，提供良好的文化氛围与物质基础以推动城市文化空间的营造，还有助于保护当地一些即将失传、消失的工艺技术与艺术形式，帮助其得以继续传承与发展。多姿多彩的文化生活满足了人们对学习的向往与追求，开阔了人们的眼界，提高了人们的综合文化素养。优良的文化氛围还使得居民对生活在这样的城市产生骄傲之情，有助于整体提高居民的城市自豪感，推动了城市文化品牌与形象的建设。

文化旅游为社会环境提供了良好的文化氛围，同时安定和谐的社会环境又保障了文化旅游的开展，这表明文化旅游与社会环境间有着互相推动的关系。文化旅游有脆弱性的特点，容易被战乱、疫病与自然灾害等社会事件所影响，其正常开展需要和谐而安定的社会氛围以及优良、稳定的社会环境。只有满足了人们的基本生活需求，实现了社会环境与秩序的和谐稳定时，人们才会选择通过文化旅游活动满足自身更高层次的精神文化需要，文化旅游生产才能平稳进行。

（三）拓展城市新功能，提高综合竞争实力

1. 发展文化旅游业能够拓展城市功能

城市在政治生活、经济生活与文化生活中所发挥的作用与履行的职责被称为

城市功能。城市的功能按照其作用范围、辐射等级的不同，可分为一般功能和专项功能。一般功能是指每个城市都具备的、服务于本地居民的职能，如安全、交通、商业、行政、文化，等等；专项功能主要指城市在区域或城市间向外提供的突出性职能，一般具有有效的地域作用范围，如国际性或区域性的工业城市、金融城市、文化城市、旅游城市、港口城市、行政首都、省会，等等。城市功能的本质在于实现物质、资金、能量、信息、智力和人口等循环的扩散与集聚，从而产生强大的集聚经济效应。城市的功能应当作为一个有机整体发挥这种聚集经济效应与辐射扩散效应，而不仅仅是简单的求和。

作为城市功能的重要组成部分，城市旅游供给具备提供综合性服务的作用，它是一种系统化的服务体系，整合统一了城市中的商业、文化、交通、服务、接待等多种行业功能。从城市功能的角度来看，文化旅游的发展逐渐改变了原本单一的城市功能，使其呈现多元化发展态势。就普通城市来说，文化旅游的开展促使城市兴建了诸如科技馆、话剧院、博物馆、艺术馆等文化设施，有利于增强城市金融、服务、交通等行业的接待能力，进而使得城市进一步强化提升了科学、教育、文化、旅游等方面的功能。就传统型旅游城市来说，相对陈旧的文旅设施会随着文化旅游活动的不断开展而受到更新与维护，既吸引了游客、振兴了旅游产业，又赋予了城市旅游产品新的内涵。一些学者指出，我们应从广义和狭义两方面定义大都市的旅游功能。从广义的职能范畴来看，在区域旅游活动或全球旅游活动中，大都市起到的作用和履行的职责以及产生的效能被称为大都市的旅游功能；从狭义角度上，大都市旅游功能则是指在非本地旅游者的旅游活动中，大都市起到的作用和履行的职责以及产生的效能。前者着重于在客源地、中转地、目的地三个角度考察大都市的旅游功能强度，而后者则主要是从接待的角度，即从旅游中转地和目的地的功能方面对大都市旅游功能的强度加以考察。

2. 发展文化旅游业能够提升城市形象

城市形象是人们对于某一城市的第一感官印象。良好的城市形象就像一张精美的城市名片，不但会吸引外地游客产生到该城市旅游的热切向往，而且有助于本地居民的市民身份认同，形成良好的文化归属感。城市形象与旅游业发展存在着一种必然的、相辅相成的关系：旅游有助于城市形象的美化与宣传推广，而良好的城市形象能够对旅游者产生更大的吸引力。对于城市形象来说，文化旅游既有利于提升城市的视觉形象，又能促进城市文化品牌的发展。

从提升城市视觉形象的角度来看，随着文化旅游的开展，城市中建筑的设计、街区的规划与布局等显性因素要与城市特定的文化氛围协调统一，诸如建筑物的层数、文化感、风格等细节在城区建设中越来越重要。旅游活动的开展还推动了城市中星级酒店、特色商业街、艺术场馆的建设，既促进了城市功能趋于完善，又促进了城市形象的提升。文艺演出、文化展会等活动因文化旅游的开展而越发活跃，文化旅游在给城市带来更多物质财富的同时拓宽了外界了解该城市发展的渠道，创造了良好的社会效益。

从促进城市文化品牌发展的角度来看，文化旅游的开展有利于城市良好文化氛围的形成，而优良、活跃的文化氛围既能促进城市形象的塑造，又能将蕴藏在城市中的不同文化要素加以融合，形成独有的城市印象，让每一个到访的游客都能感受到不同于其他城市的文化韵味。例如，一说到杭州，人们就会联想到西湖、灵隐寺、宋城，脑海中浮现出粉墙黛瓦、小桥流水的江南水乡；一说到北京，人们就会联想到故宫、长城、颐和园，脑海中浮现出金碧辉煌、宏伟壮观的帝王古都。伴随着文化旅游的开展，城市文化得以凝聚，促进了城市文化品牌的形成与发展。

3. 发展文化旅游业能够提高城市综合竞争力

城市竞争力是指在社会、经济、文化、环境等各个方面，综合运用各种指标评判出来的城市吸引、促进、获取、利用各种资源来进行发展的能力。要想提升城市竞争实力，仅仅依靠产业、经济等硬实力是远远不够的，文化、科教、社会环境等软实力同样重要。文化水平是影响区域竞争实力的重要因素，因此要想提高区域整体竞争实力，出台提升区域文化水平的政策必不可少。通过科学合理的运用，文化资源可以转化为更绿色环保、方便出口的文化资本，在有效促进城市间跨区域合作的同时也带动了地区经济的发展。文化旅游的开展既能给当地带来颇多的物质收益，促进当地财富水平与经济能力的提高，又能改善当地的市容市貌，为当地文化的繁荣注入新的活力，增加当地就业岗位的数量，树立良好的城市形象等。如今，衡量一座城市的综合竞争水平时，重点考量的内容就是该地区的旅游发展水平和竞争力。区域旅游竞争力既会影响当地旅游业的经营与发展，又会给当地整体的文化、科教、经济、生态等方面的竞争力带来影响。

第三节　城市文化视角下文化产业与旅游产业融合发展的对策

一、城市文化旅游发展的整体设计

作为一个有机的整体，城市文化对文化旅游甚至是城市旅游总体发展的特点和水平产生深刻的影响。因此，在发展城市文化旅游产业过程中，应该考虑城市文化的系统特征，考虑城市文化与文化旅游的相互影响，从整体的角度设计城市文化旅游产业。

（一）建立文化旅游发展模式要从城市文化整体特性出发

城市文化特性是文化旅游发展的基础。因此，要确立城市旅游发展模式，必须从城市文化整体特性出发，必须考虑文化的基础条件、相对优势以及发展变化等。在这当中，无论是城市旅游目的地的整体形象、产业结构、管理体制，还是产品体系，都应与城市文化特征相适应。文化旅游发展成功的城市，如悉尼、东京、上海、卡萨布兰卡、西雅图、拉斯维加斯等，其旅游发展模式都是基于城市文化的特性。同时，城市文化本身是不断变化发展的，要在旅游竞争中胜出，城市文化旅游模式的构成要素就要不断创新发展和超越。例如，定位城市旅游形象，就应依据市场需求，以及城市文化的发展和积累等因素的变化而不断推陈出新。

（二）建立旅游发展的完整体系要从城市文化的系统性出发

由于城市文化具有系统性，因此发展文化旅游要从多方面考虑完整的体系，如产品、产业以及政府产业政策和辅助支持等。

在产品方面，无论是有形的商品还是无形的服务和体验，都直接面向消费终端。因此，要从产品入手，创造顾客价值，满足顾客的需求，使产品效能符合甚至大于顾客期望。

在产业方面，从文化旅游的行业供给者来讲，除文化企业外，城市的公共文化机构也是重要的文化产品供给者，如博物馆、美术馆等，直接为旅游者提供终端文化旅游消费产品。因此，公共文化机构也成为城市文化环境载体的重要组成部分，其文化场馆的多寡及其利用程度可以衡量城市文化发展水平。文化旅游的发展不仅要关注旅游企业的发展能力，更要关注公共文化机构的发展能力，及其与城市文化发展的整体配合程度。

政府作为城市管理者，其出台的文化旅游产业政策，及相关的辅助支持也很重要。政府部门要做好各相关方的利益协调工作，制定发展政策时要充分考虑城市文化的长远发展。

（三）应注重提升城市文化资本的获取和保障能力

每个城市都有自己的文化特色，成为文化资本的基础。然而，文化资本本身并不能自动地转化为城市文化旅游的竞争优势，必须经过人为的开发。要提高文化资本的转化和获取能力，就要从经济上科学、合理、创新地加大对文化资本的开发力度，加大维护的投入。同时，要注意保持文化资本积累的连续性。

（四）处理好文化继承与创新的关系

从历史发展的角度来看，每一种文化都是变化发展着的，因此城市的文化发展既要注意继承，更要注意创新，不能满足于现有的文化资本水平，要从形式和内容上提高文化资本的展示种类和参与形式。另外，从文化资本化的路径角度来讲，不仅要注意开发物化文化产品，更要注意创新、培养无形文化环境，以社会制度和符号化的形式呈现。它虽然不能产生直接的经济效益，却可以对城市整体产生增值作用。

二、城市文化旅游产品建设

城市文化旅游产品建设，不仅要提高产品的核心价值品质，更要讲求品牌以及产品拓展在产品管理中的重要作用。

（一）提升产品品质

1. 文化旅游产品的真实性

文化旅游产品的核心价值在于为旅游者提供一种独特的、真实的体验，这种体验能为身心各类感官获得，是各类感官综合作用下的一种心灵感受。因此，要提升旅游体验质量，不能简单地只从产品的某一个部分或某几个部分入手，而应在体验活动的全过程中营造一个良好并且与众不同的体验环境，并要提供相关辅助和延伸设施等，从而保证旅游者文化体验的连贯、完整。关于体验的真实性问题，旅游活动的展开可以适当地使目的地舞台化。因为所有的文化事物都有其特定的存在背景及用途，要么还发挥着其本职作用，要么作为一种象征意义存在。虽然文化旅游活动强调的是深入体验目的地的文化社会生活，但比较受时空条件限制，此时，舞台化的删节和拼凑就很有必要了。只要旅游者认为自己的体验是真实的，也就达到了旅游的预期效果，并且对旅游目的地的舞台化改动并不荒诞，那么，就没有必要深究文化事物的真实性。

2. 文化旅游产品的参与性

如今的旅游越来越大众化，决定旅游发展的成败在于其是否有广泛的参与性。与高雅艺术、小众艺术不同，大众文化注重的是普遍参与性、通俗性、娱乐性，大众的文化事物才被普遍接受。随着工业时代的到来，机器大生产为文化产业化发展提供了便利条件，使其具备了更高的消费性，促使文化标准化、商品化。这不能简单地理解为对文化传统的亵渎，而应该看作在市场经济条件下文化资本转化的有效路径。文化旅游产品的广泛参与性更能促进文化旅游消费。

同样，在发展文化旅游过程中，促进文化旅游消费的重要环节还包括将目的地的文化资本产品化，对体验做商品化处理会促进安全消费，这样就为旅游业增加了价值，使其产品得以销售。围绕旅游者的需求开发产品使资产管理者能够对体验加以控制，从而更好地传达他们所期望传达的信息。在旅游活动中，安排盛大的节事活动往往更能扩大旅游产品的参与性。这些节事主题活动都能大大地提高旅游者的参与性，从而推动文化旅游产业的发展。

在旅游过程中，很多吸引物本身是静态的，而融入娱乐性文化参与要素则是有力的补充，使旅游者不再是单纯的观赏，而是通过自己身体力行参与其中，获得了更为深刻的体验。从管理的角度来讲，文化节事活动更容易人为控制，不但可以减轻传统旅游项目的季节性影响，还可以分散和引导旅游流、缓解核心区旅游压力。

实际上，产品价格和个性化的产品细分才能最根本、最直接、最有效地提高文化旅游的参与度。很多国家和地区的旅游景点并不收取门票，视作公共空间开放，或者以相对低廉的门票价格为主，同时交通、必备生活设施的价格也相对低廉，这必然影响旅游收入的增长，但却吸引了大量的旅游者，由此带动了旅游衍生产品的消费，相关产业收入也得到大幅提高，如娱乐、餐饮、购物等。这样，旅游者获得了愉快的旅游体验，回游率高，还带动产业链的整体效果。

3. 文化旅游产品在我国的发展趋势

我国历史悠久，文化底蕴深厚，拥有门类繁多的文化资源类型，既有主流汉文化，又有地方民族文化；既有古代传统文化，又有现代科技文化。我国旅游业正逐步从传统观光转型到包括多种旅游产品的多元旅游格局，旅游业接待人数以及经济收入水平逐年上升。深度挖掘旅游文化品牌是世界旅游的大趋势，中国也不例外。

从产业效能的角度来看，与传统观光产品相比，文化旅游产品产生的经济效益要高很多。总体而言，国内城镇居民旅游出行以特定文化目的出游的旅游者比例不高，但是文化消费的整体带动力却很高。从国际旅游市场来看，来华旅游者以观光目的为主。入境旅游者所感兴趣的旅游资源多为中国的山水风光、文物古迹、民俗风情、饮食烹调，无一不含有深厚的文化底蕴。我国开展文化旅游活动在资源、国际形象方面具有很大优势。

需要注意的是，与发达国家或地区相比，我国旅游业还存在结构性问题，旅游吸引物形式较为单一，旅游产品营销力度分布不均，传统观光的比例偏高，文化旅游所占的份额则相对较低。而境外则是休闲度假比例居高或者吸引物类型多样。因此，我国的文化旅游要改变以往仅仅局限于文物景点的观念，通过合理调整和优化配置文化旅游资源，逐步构建点、线、面有机结合，静态展示与动态活动相互融合，适应不同旅游消费需求的良性循环的文化旅游格局。

（二）产品策略要多样化

产品策略要多样化，可从产品管理和营销手段入手。

1. 产品管理的多样化

每一种产品都有自己的生命周期，在生命周期里又可分为不同的阶段，不同的阶段里市场需求不同。对此，产品管理的方式应该是变化、多元的。文化企业可以将全新的旅游产品推向原有的客源市场，或者将原有的旅游产品放到另外的全新的目标市场，甚至可以通过价格杠杆、不同内容的旅游产品组合进行策略上的调整，推向现有目标市场，都很有可能取得不错的效果。

针对一些地区文化资本富集，但客源需求不足的情况，文化旅游企业和当地政府部门则要拓宽买方市场的购买能力，如加强基础设施和交通设施的建设，以增强旅游接待能力，调整营销策略和价格，加大对旅游目的地的宣传，以提高知名度，吸引更多的旅游者到访。

针对一些地区低需求、低供给的文化能力不足的情况，文化旅游企业和当地政府部门要加大力度对旅游目的地文化能力的建设，如积极建设新的文化设施，对原有文化内涵进行深度挖掘，大力宣传推介，以扩大更广泛的客源市场。

针对一些地区高需求低供给的情况，文化旅游企业和当地政府部门要通过产品策略、政策策略，分化过度需求，缓解旅游目的地的生活及遗产保护压力，控制旅游客流，提高集散的调控能力，如开发新产品，将过多的旅游客流引导分散到其他非热门旅游区。

建设文化旅游品牌可以产生更高的经济效益。文化旅游的产品品牌不限于单体，如故宫、长城、克里姆林宫、好莱坞等，而是更应该结合城市文化形象品牌甚至国家形象品牌，以扩大知名度，提高美誉度。一些资质特别突出的文化旅游单体品牌还可以成为城市文化形象品牌甚至国家的替代符号。例如，说到好莱坞能让人马上联想到洛杉矶，说到摩天大楼就相当于指的是迪拜，说到东方明珠其实指的就是上海，看到樱花自然就联想到了日本，一提长城马上想到了中国，金字塔代表了埃及的形象，等等。然而，一般的文化旅游单体品牌不具备雄厚实力建立系统的营销推广活动，因此只有政府管理部门、旅游协会才能够承担城市旅游品牌的推广责任，他们在资金、沟通渠道以及整体性和对外性方面都占绝对优势。

2. 营销手段的多样化

文化旅游产品的核心是体验，需要供应方提供足够的吸引刺激要素引导旅游者消费，具有社会公共物品属性。因此，文化旅游产品的营销策略应包括服务营销、驱动顾客型营销、社会营销等。一方面，文化企业、城市管理部门应不断推出创新旅游产品，以引导旅游行业的发展方向，引导、培养旅游者正面、积极、健康的消费价值观，激发、满足旅游者的潜在消费需求；另一方面，文化企业、城市管理部门也要承担起相应的社会责任，既要考虑经济效益、旅游者的利益，也要注重社会效益，综合考量三者之间的均衡关系，积极与旅游目的地社区保持良性的互动，创造、保护当地文化旅游赖以生存的文化资源社会环境，以促进文化旅游与社会经济、生活的可持续发展。

在选择营销推广媒介方面，既要发挥传统宣传方式的优势，也要综合采用现代网络媒体。传统的旅游宣传方式主要有推介会、报刊、电视，还有直接的面对面宣传等。在互联网技术日益发达的今天，电子商务的作用及辐射半径越来越为人们所重视。境外的旅游城市几乎都拥有自己专属的旅游网站，专门推介本市旅游产品，同时设置多个语言版本，为不同语言的旅游者搜索信息提供便利。另外，一些境外的主要旅游城市，其官方网站还与各知名社交平台如 Twitter、Facebook（如注 2021年 10 月 29 日已改名为 meta）、博客进行绑定，设置自己的主页，更加方便与目标群体进行实时互动。另外，旅游者还可以通过搭载的 YouTube 接收旅游目的地的形象短片，通过各种电子旅游手册、地图软件获取旅游目的地的各种实用信息。在传统媒体投放旅游广告的方式也发生了新的变化。例如，聘请当红明星为旅游目的地做形象宣传推广，彰显旅游目的地的阳光、时尚，产生轰动效应，引来更大的旅游客流量，特别是青少年群体。此外，旅游目的地担当热门影视作品、电视真人秀节目的拍摄外景地，通常都可以收到意外的宣传效果。

三、城市文化旅游行业建设

（一）注重创新

任何产业想要不断发展，只有创新才能提供不竭的动力。文化旅游产业牵涉众多相关者，如果不构建完整的创新体系，那是无法有效促进产业创新发展的。以创新体系理论的分析方法，文化旅游产业运作的过程和特点为依据，可设计出文化旅游产业创新体系基本框架。

文化旅游产业创新要素可分为创新主体要素、创新环境要素、文化旅游资源要素这三大部分。

文化旅游产业创新的主体一般包括文化旅游企业、政府、旅游学院、科研机构、中介组织、民众，他们具有社会实体结构，能直接承担创新功能。创新主体是文化旅游产业创新体系的核心。

创新环境一般包括信息、人才、技术、知识、资金等具有社会实体结构的硬环境，其能间接促进创新活动。另外，还包括市场环境、文化氛围、文化活力、政策法规等软环境。硬软环境相互交织、相互作用形成的有机整体，是文化旅游产业创新体系所构成的外在空间，为文化旅游产业创新活动提供各种支持。

文化旅游资源在文化旅游创新体系中起基础性作用，一般分为自然旅游资源和人文旅游资源，是文化的载体。文化旅游资源是文化旅游产业创新的对象，但对创新主体的创新活动又具有反作用。

创新主体在创新环境中以文化旅游资源为作用对象，生产文化旅游创新产品，从而实现文化旅游创新。三者相互渗透、相互作用、相互影响，构成了文化旅游产业创新体系基本框架。

在文化旅游产业创新体系基本框架中，文化旅游企业是最重要的经济单元，其直接参与创新实现增值，直接参与旅游产品的生产、包装、加工、推销。文化旅游企业包括直接旅游企业，以及与文化旅游相关的行业机构和企业。直接旅游企业以营利为目的，利用历史的、地方的、民间的文化要素为旅游者提供旅游产品、服务，具体的企业实体如旅行社、饭店、餐馆、旅游商店、旅游景点等。与文化旅游相关的行业机构和企业主要是一些文化影视公司、出版单位以及一些生活服务部门。文化旅游企业创新的不竭动力来源于竞争压力以及创新所带来的巨大经济收益、品牌价值、顾客忠诚度、文化价值收益。

创新主体的核心构成要素是人才，人才发挥着最本质的创造作用。文化旅游业作为一种高文化含量的产业，只有具备一支高素质、高水平的从业人员队伍才能推出高质量的文化旅游产品。在这支队伍中，既要有了解国际市场规则的人才，也要有熟悉文化旅游产业经营管理业务的人才。要招揽各种人才，就要突破传统的用人观念，拓展人才渠道，真正做到不拘一格降人才，做到人尽其才，才尽其用。同时要建立和完善人才激励机制，充分调动人才的创新积极性。

（二）不可忽视文化公共部门的作用

公共部门的作用主要是维护社会秩序，提供公共物品，以实现公共利益最大化，通过行政手段实施集体行为，干预个体行为，以获取个体行动难以达到的合作收益。与文化旅游产业密切相关的公共部门包括公共文化机构、政府机构及其下辖的职能部门。其中，公共文化机构直接提供文化资源，不以经济获利为终极目的，服务大众，保护文化，传播文化，如博物馆、科技馆、档案馆、图书馆、艺术中心等。对于文化旅游产业来讲，城市的公共文化机构是除文化企业外的重要文化旅游产品供给者，也是城市文化环境载体的重要组成部分。

四、城市文化旅游公共管理

（一）城市文化旅游的公共管理者

文化旅游的公共管理者主要包括政府以及行业协会，他们为文化旅游业的发展提供约束力和促进力，如提供良好的产业政策支撑及必要的行业规范。

政府部门在公共管理中起到核心的作用，通过公共权力对文化旅游产业发展从宏观上进行调控。在城市文化旅游管理工作中，政府部门制定相关的产业政策、法律、法规，以规范旅游行业的发展，保障旅游者及在旅游目的地生活的居民的合法权益；同时提高文化旅游的行业地位，扩大海外营销力度。在文化旅游产业发展过程中，作为政府职能机构的各级旅游局及其等同机构负责具体的旅游管理事务，如创造合理的制度环境，提供有效的公共服务。

在文化旅游产业管理中，各级政府的作用主要是制定行业法律法规，出台行业政策，规划产业战略，加强文化旅游基础设施建设，为文化旅游产业创造良好的市场环境及发展环境。在这当中，立法和制定相关的产业政策是政府最常用的管理手段。

行业协会代表的是区域或整个行业，具有非官方或半官方性质，在企业和政府之间架设沟通的桥梁，为行业发展提供各种服务，如监督、协调、咨询、统计、营销等，促进行业的自律、规范发展，有力补充了政府触及不到的微观调控之处。文化旅游产业相关的非官方组织主要包括旅游行业协会（如旅行社协会、酒店行业协会、旅游协会等）、文化领域协会（如文物保护协会、艺术家协会、文化产业协会等）、商业协会等行业性促进组织。

文化旅游产业发展中，究竟是非政府组织还是政府部门占主导地位，一般要依据具体的国情而定。一些国家偏重于市场调节和地方力量的，实际工作主要由行业协会及地方政府负责；而一些比较依赖旅游行业特别是文化旅游产业的国家，政府部门的投入和关注更大一些。

需要指出的是，在文化旅游产业发展中，无论是非政府组织占主导，还是政府部门占主导，都应避免多头管理，要有所为有所不为。

（二）政策管理的利弊

公共政策主要是为了协调各方利益，因此任何一项公共政策的制定都需要经过严格的科学论证，以体现公平性。从实际施行的效果来看，多数政策对改善旅游发展环境质量还是比较有效的。然而，有些政策的实施并不会如预期的那样向好的方向发展。例如，一些政策的限制性太强，以至于使旅游者感到了目的地城市的不友好性，不利于其获得良好的体验。因此，文化旅游政策的制定要围绕战略的核心目标，以当地的实际情况为根本，既要均衡旅游各相关方的利益需求，又要体现一定的前瞻性、连贯性和可持续性。

参考文献

［1］田志奇. 文旅融合背景下旅游目的地营销模式创新研究［M］. 武汉：华中科技大学出版社，2023.

［2］肖盛誉. 文旅融合助力乡村振兴路径研究［M］. 延吉：延边大学出版社，2023.

［3］宋军令，张昕，等. 文旅融合视角下的住宿业与乡村文创研究［M］. 北京：中国环境出版集团，2023.

［4］刘佳雪. 文旅融合背景下红色文化体验传承与价值共创研究［M］. 北京：中国农业出版社，2023.

［5］晏雄，赵泽宽. 文化旅游融合发展理论、路径与方法［M］. 北京：中国旅游出版社，2022.

［6］邓爱民，郭可欣. 数字时代文化和旅游产业线上展会发展理论与实证研究［M］. 北京：中国旅游出版社，2022.

［7］刘英. 创意旅游文化建设与旅游产业的融合［M］. 沈阳：辽宁大学出版社，2022.

［8］耿敬杰. 旅游产业与文化传承融合发展研究［M］. 长沙：湖南大学出版社，2022.

［9］李娌. 中国旅游文化［M］. 2版. 北京：旅游教育出版社，2022.

［10］邹德文. 旅游客体文化研究［M］. 2版. 秦皇岛：燕山大学出版社，2022.

［11］明庆忠，刘安乐，刘宏芳. 文旅产业与全域发展文库构建现代旅游文化产业体系研究［M］. 北京：中国旅游出版社，2022.

［12］石云霞，祁超萍，张文政. 中国旅游文化概论［M］. 修订版. 天津：

南开大学出版社，2022.

[13] 李俊. 旅游产业与文化产业融合发展研究［M］. 长春：吉林人民出版社，2022.

[14] 罗雪. 生态美学视域下的旅游文化翻译研究［M］. 长春：吉林出版集团股份有限公司，2022.

[15] 张建荣. 文旅融合视角下的旅游演艺发展研究［M］. 长春：吉林大学出版社，2021.

[16] 刘佳雪. 文旅融合背景下的乡村旅游规划与乡村振兴发展［M］. 长春：吉林大学出版社，2021.

[17] 张泽建. 传统文化与旅游融合发展路径研究［M］. 长春：吉林文史出版社，2021.

[18] 蒋晨丽. 多维度视阈下的旅游文化研究［M］. 北京：北京出版社，2021.

[19] 王华，邹统钎. 文化与旅游融合的理论与实践［M］. 天津：南开大学出版社，2021.

[20] 阮可，卫军英. 文旅融合的基层实践［M］. 杭州：浙江大学出版社，2020.

[21] 赵弘中. 文旅融通传承创新［M］. 杭州：浙江工商大学出版社，2020.

[22] 邓爱民，卢俊阳. 文旅融合中的乡村旅游可持续发展研究［M］. 北京：中国财政经济出版社，2019.

[23] 李柏文. "文化创意+"旅游业融合发展［M］. 北京：知识产权出版社，2019.

[24] 李天雪. 文化旅游融合与创新发展研究［M］. 北京：中国旅游出版社，2019.

[25] 王迎新. 文化旅游管理研究［M］. 北京：现代出版社，2019.

[26] 郑炜. 文化旅游视角下美丽乡村建设理论与方法研究［M］. 北京：北京工业大学出版社，2019.

[27] 陈艳珍，赵德辉，于庆霞. 旅游文化［M］. 北京：北京理工大学出版

社，2019.

［28］朱晓晴. 中国旅游文化 ［M］. 西安：西北大学出版社，2019.

［29］黄丽. 中国旅游文化 ［M］. 武汉：华中科技大学出版社，2018.

［30］刘月娇. 中国旅游资源与文化 ［M］. 成都：电子科技大学出版社，2018.

［31］于泳，尚凯. 旅游文化产品创新设计与开发策略 ［M］. 北京：北京工业大学出版社，2018.